纸糊的经典

程飞 著

三国猎头

三国猎头

经济管理出版社
ECONOMY & MANAGEMENT PUBLISHING HOUSE

人才怎么着？《三国》全知道！

　　留学归来，即以全副热情投身于实现自我价值之工作。几千日夜，观各种买卖开张关张；十余年来，看经济大潮起起落落。其间，以自己儿时梦想为魂、少年学堂所学为魄、青年所读有用之书为骨、海外求学心得为筋、初尝人情之历练为皮、感悟事故之小悟为肉，加上在商界多年打拼的经验，对于人才的发现、人才的鉴定、人才的管理、人才的使用等几个方面，总结了一些经过实践检验的理论。

　　同时，又深切体会到许许多多老板对于人才无比渴望的同时对于人才的现状又是万般无奈。一方面有那么多失业大军使人才市场里总是熙熙攘攘，另一方面真正有实力的老板们的招军旗下多半冷冷清清；一方面数不清的招聘广告都是在"急聘"、"诚聘"，另一方面说不清理由的无业人员全都在抱怨就业形势严峻；一方面绝大多数企业当家人在哀叹人手难招，另一方面如过江之鲫的求职者在呼唤伯乐。更有甚者，相当一部分雇员总是怀才不遇。

　　所以说，老板、求职者和雇员三者形成一个"社会生物圈"。在这个圈子里，老板们多半会觉得发现、任用一个人才何其难也；大多数求职者们会抱怨老板们都没有发现人才的眼光；而不少雇员们则总是对现有的工作有着"鸡肋式"的纠结。

　　有趣的是，在这个圈子里，还有一部分人在老板、求职者、雇员三者之间转换角色。

　　比如，"雇员—老板—求职者"路径是说某人开始给别人干，可总觉得自己屈才，于是自己创业当老板。一旦当家就知道柴米的价格、经营的艰辛，实在干不下去，只好成为求职者。

而"老板—求职者—雇员"路径就是说原来的老板因为某些原因成了求职者，随后又给别人打工。这个路径和前面那个其实可以连接到一起。

至于"求职者—雇员—老板"路径，则说明某人很成功，从职场新手到职场老手再到自立门户，这种经历听起来很神奇，也很诱人。

可是，不同的人才在禀赋、能力、性格、机会等诸多方面都不尽相同，每一个对自己负责任的人才都想寻找一条最适合自己的路径。可以说，不论是老板也好，求职者也好，还是雇员也好，都想搞明白：人才究竟该怎么着？

当然，各方的侧重点不同。老板方面，侧重人才的内在属性和获取渠道；求职者方面，侧重人才的就业选择或自身发展规划；雇员方面，侧重人才的实际价值和人才流动收益率。

因此，如何回答"人才怎么着"的问题，几方自然各有各的答案。那么，这个问题是否有适用于各方的通用答案呢？从《三国》里面，完全可以发现！

比如说，并非老板级人物的陈宫究竟是不是人才？答案是肯定的。陈宫的计谋，足可以和郭嘉、贾诩媲美，尤其是濮阳城的那场烧得曹操几乎玩儿完的大火，就是出自陈宫的手笔。可是，原本可以和曹操好好合作干上一番自己梦寐以求的大事业的陈宫，却选择炒了曹操这位老板的鱿鱼而选择有勇无谋、鼠目寸光的吕布，实在让人大跌眼镜。可是，只要简单分析一下陈宫的性格特点，就会明白，陈宫其人，实际上缺乏那种自主创业的魄力，却很具备当老板助理的能力。只不过这种优秀助理对于老板也很挑剔，喜欢头脑简单却冲劲十足的老板，不喜欢心机百变、胡乱出牌的老板。无疑，曹操是后者，吕布是前者。曹操的疏忽就是没有留住这样的员工，而陈宫的错误则是太尊重规则。

对于老板来说，陈宫型的员工可以安排其负责大项目助理的工作。或者说，陈宫不适合被直接领导，而是更乐于接受在某个部门快快乐乐地做点实事。切记，太聪明的老板在陈宫看来，已经威胁到自己最起码的安全。总之，一定要让自己企业的陈宫们觉得老板很忠厚、没心眼，这样，才不会流失如此优秀但认识上有些偏执的业务型人才。

接着，探讨一下那些具备创业魄力的人士。

对于很多志在创业的人来说，如何获取第一桶金是很关键的一步。何进、马腾、公孙瓒、孙权、张角、吕布、董卓、司马懿等人，他们或出身草根，或起于行伍，或巧取豪夺，或艰难守成，反正都是干出一番事业的人。可是，他们中的每一位获取事业上第一桶金的方式却是各显神通。要么凭关系，要么去蛊惑，也可以去侵占，更可以去投机，家底好点的可以靠继承，时运不济的只好去玩儿命，甚至还有通过炒作去达到目的的。所以说，上述那些三国野心家们获取第一桶金的方式和现代社会的情况多少还是有些相通之处。

显然，仅凭第一桶金将事业做大是不可能的。用人是一个企业能否生存乃至做大做强的核心。不成功公司的根源也许是家家有本难念的经，但成功公司至少都有一个共性，那就是善于用人。曹操和刘备这两位超级大老板在起点上、资历上差别不小，在行事方式、运作模式上也各有千秋。可是，他们在用人上却都是在结合自身特点的基础上，各自摸索出一套适合自己的系统理论。

而公司一旦做大，老板们很自然要面临一个选择，是将公司做成家族公司还是职业经理人公司？或者二者特性兼而有之？在这一点，曹操的选择比刘备更理性一些。尤其是在如何摆正家族成员在公司里的位置上，曹操公司的做法值得学习。

不要忘了，用人之前必须识人。有道是：试玉要烧三日满，辨才须待七年期。识人之术对于老板来说，是一门权重很高的必修课。张角和张鲁都是善于洗脑的人，二人有何异同？管辂和紫虚上人都会看相，差距又在哪里？于吉和华佗都是医学领域的巨擘，可为何华佗对于后世的影响要远远高过于吉？还是那句老话：性格决定命运。

说到性格，可以分析一下蜀汉公司五虎大将的性格。他们五人之所以能入选，当然是各有各的看家本领，但各自的性格也不可忽视。关羽追求完美，才有单刀赴会和刮骨疗毒的举动，成就职场精英；张飞其实颇有几分内秀，不时耍些智谋，就更让人觉得其有可爱之处，职业前景一片大好；赵云其实很现实，最善于权衡比较，使自己在职场上的投入产出比最大；马超业务能力超强，只是性格中的偏激限制住自己在职场上发展的步伐；黄忠完全就是属于那种过分看重同事交情而忽略职场丛林法则的典型。

同时，识人还要听其言观其行。惟其如此，才有可能通过人才或者求职者的外在表现对其做出一个全面、客观的评价。

说到听其言，就是看看人才们的口才如何。李肃、满宠、李恢、张辽等人的口才很适合为公司充当临时专用猎头，用来挖掘别的公司的墙脚，尽可能说服目标对象跳槽到自己公司。而贾逵、邓芝、陈登这样的舌辩之士更适合去代表公司谈判，千难万难，尽可能为公司争取最大利益，他们可谓随何、陆贾再现。至于姜维、贾诩、诸葛亮，则属于战略说客，他们的目标就是左右局势，他们的手法完全是纵横捭阖，简直就是苏秦、张仪复生。

提及观其行，除了正常的观察之外，还有通过或借助唱歌来展示自己能力的人。徐庶、石广元、孟公威、诸葛均都曾经一展歌喉，诸葛亮借助隆中农夫的民族唱法以及自己的诗朗诵先声夺人，曹操搞得赤壁大型音乐会也很有特色。至于诸葛亮鼓琴退兵，祢正平击鼓骂曹，则很接近行为艺术。

识别人才之后，随之而来的问题就是如何听取建议并做出决策。一般人会觉得做决策有啥难的，动动嘴皮子就行。其实完全不是那么回事。对于具有决策权的老板来说，做出决策要承受超乎常人的压力并排除无穷无尽的干扰。袁绍公司的实力原本远远超出曹操公司，两公司的实力简直不在一个级别上面。可就是因为袁绍公司混乱的决策机制、决策者孱弱的判断力以及薄弱的抗干扰能力乃至团队差劲的执行力，使得策划时广纳意见、决策时乾纲独断、执行时上下一心的曹操公司后来居上。可以说，就是因为在究竟听谁的上面的纠结，使得袁绍公司痛失好局，将河北基业拱手送给曹操公司。

另外，人才对于公司来说，并非一成不变。也就是说，要用发展的眼光来看。如同当今职场上，《三国》中跳槽的人士比比皆是。张郃、徐晃、甘宁之类的武将通过跳槽而成就名将威名，

三国猎头

荀彧、郭嘉、贾诩亦是凭借跳槽而造就谋臣典范。同时，吕布、魏延、马超的跳槽属于不成功的案例，他们的跳槽都有值得商榷的地方。因此，从思维方式看，《三国》里的跳槽者和当今跳槽者在本质上并无不同，只不过是表现形式不一样。

这里，完全可以将"猎头"一词的内涵扩大。猎头除了指前面提到的用来挖别人墙脚的李肃、满宠、李恢、张辽之流的"临时猎头"，还应该将有眼光、有胸怀的老板们算作最大的猎头。孙策折服太史慈，曹操恭迎许子远，刘备三请诸葛亮，孙权包容甘兴霸，等等，无一不是展示"老板猎头"的经典案例。

本书之所以名为《三国猎头》，至少包含两层意思：其一，在《三国》里，有不少老板级人物如曹操、刘备、孙权等，同时都是人才猎头，他们的事业离不开对于人才的发掘。在这里，"猎头"就是普通意义上物色优秀人才的人。其二，通过仔细研读《三国》，可以发现很多和人才有关的普适真理，在这里，"猎头"的意思就是获取的战利品。再引申一下，就是从《三国》里得到的启发和思维方式。

读完本书，就会发现《三国》里可谓：

刘禅绝非草包，诸葛不管不顾；

谋臣、武将跳槽是学问，大师、秘书庐山真面目；

原始积累获取之差别，家族企业人才之关注；

拍板的着实为难，能说的不在少数；

性格决定职场生涯，成功来自用人有术；

唱歌也乃求职信，辞职竟是挑战书；

刀也有道德，马比人靠谱。

本书将《三国》看成一个巨大的人才市场，里面各种档次、能力、学历、资历的人才是应有尽有。本书尽可能选取一些典型案例，分析一些重要材料，对比一些有个性的老板，点评一批有能力的雇员，目的是为了尽量使有缘分读到本书的人士多少有些识人、用人方面的收获。

对于求职者来说，本书可以出些招。

对于用人者来说，本书能够提个醒。

对于上班族来说，本书用来充点电。

对于既不是求职者也不是用人者更不是上班族的有钱有闲阶层来说，本书纯属消遣，有益身心，真材实料，童叟无欺。

需要说明的是，本书所说的《三国》，包括《三国演义》和《三国志》。

是为序。

2013 年 6 月　于　御风台

目　录

三国猎头

目
录

3

所谓大师

　　大师这个称谓原本是指在某一领域或专业有所建树的人士，比如音乐大师贝多芬，文学巨匠巴尔扎克，当然还有思想家、教育家孔子，能工巧匠鲁班等，这些人都可以称得上大师。

　　大师，是人们所景仰、所尊重、所效仿的对象。可物换星移，曾几何时，大师这个称谓似乎已经变质了，一些自称能为别人带来财运、福气和吉祥的自吹自擂之徒也堂而皇之地登堂入室，自封"大师"，加上一些"托儿"们的煽风点火，这些所谓"大师"们目前的行情很是看好。什么看风水的、算命的、测字的、看面相的、说凶吉的甚至起名字的，都被冠以"大师"头衔，还有一帮号称会特异功能的、卖劣质膏药的、自称会说宇宙语的，甚至变戏法的、玩气功的，等等，都来抢占"大师"的市场份额。

　　这是为什么呢？很简单，用市场经济的理论模型来说，就是旺盛的需求导致丰富的供给。人们处在社会转型期，心理状态难免浮躁，对现实不大如意的人中，有想一夜成名的，有想一时暴富的；对现实还算满意的人中，有想继续发达的，有担心再度失意的；而对现实很满意的人中，有想百尺竿头的，甚至还有想得道成仙的。

　　于是乎，当"大师"成了一条发财成名的终南捷径。想想看，当真正的大师，那多麻烦啊！可能一辈子默默无闻，死后才被人知道；还有可能需要一些天分，再加上努力和运气，才能如愿。可原始积累的时间太长，等不及。要是当"大师"，就容易得多了，花几个钱在旧书摊前买本《周易》，看两天，就可以自封"神算子";把头发剃光，买身僧服，就可以成为"高僧"；或者淘换一本古籍，找合适机会，歪批一通，没准儿赶上合适机会，就能成名；当然，最快捷的方式就是说自己有"天眼"，能预言一切福祸，包括风水、面相、特异功能，无所不通，就成了标准"大师"。

诚然，要以科学的态度来看待事物，对于看不见的事物不能一概否定。诸如特警部队的硬气功本领说明气功具备一些功能；计算机技术的出现和发展也证明《周易》确实富含高深的学问，关键是怎样去对待。

为了让大家认清当代一些所谓"大师"的些许嘴脸，下面对《三国演义》里出现过的一些大师和"大师"们简单归类分析一下。值得说明的是，《三国》里的大师和"大师"们基本上都有点绝活儿。

第一类，个人野心型——张角、张宝、张鲁。

先说张角，此人是个秀才，原来也想走仕途，无奈成绩不合格，屡试不中，只好靠采药为生。据说在采药过程中得到异人传授《太平要术》，张角学习此书后，竟能呼风唤雨了（很有可能是自己吹嘘的），自封"太平道人"。

后来也许觉得"道人"的称号不够气派，就自封"大贤良师"，注意，已经有"师"字了，张角正式自封"大师"。

张"大师"开始大干起来，无非就是给人治病、配药，这些专长在张角没有得到《太平要术》时就会，而且也没见他呼风唤雨。

无论怎样，由于当时的东汉政府执政不力，导致民不聊生，又恰逢瘟疫，所以张角"大师"在普通百姓中间很有口碑。

随着张角发展了三十几万信徒，想自己成立政府，称号也变成了"天公将军"，开始新的事业。可这位"大师"的事业一开始就名不正、言不顺。为何呢？既然是与旧政府决裂，是发动革命，怎么自称"将军"？张角又算哪个政府的将军？东汉政府的，还是别的什么政府？干脆自称"皇帝"得了，比如"太平皇帝"，再宣称一下自己的主义，情况可能会不一样。

相比来说，后来武装反抗清政府的太平天国就比张角高明得多。当然，最后只满足于抢劫而没有自己主义的张角"大师"所率领的黄巾军只有失败的份儿。

张宝，张角的弟弟，自称"地公将军"，没什么大能耐，按书上说，会妖术。张宝打仗时，挥动宝剑作法，就发出黑气并伴随着虚幻的军队，用来吓唬对手。大概属于变戏法的，和真正的国家机器一交上手，就露底。

张鲁，原籍安徽，他爷爷张陵就是"大师"，善于搞一些"天书"来迷惑百姓，主要在汉中一带活动。

爷爷死后，父亲张衡接手家业，把活动弄得更大，有点类似现在的传销组织，会员入会只需要交五斗大米，就可以学道。

后张鲁接手组织，平时组织封建迷信活动，人得病不用吃药，祈祷就行，据说还很有效。而且，所有入会的信徒都吃住不分家，这样更利于洗脑，这时已经很接近现在的传销组织。赶上当时东汉政府由于认为汉中一带地处偏僻而无力管理，张鲁的组织就被官方认可，几乎成为一级政府。

这三位"大师"其实都是假公济私之辈，为了个人的目的，不惜挑起暴力活动。诚然，武力反抗压迫在当时是一种途径，可张角、张宝根本无视大多数人的利益，不为大多数人谋福利，不失败才怪。张鲁是没有直接制造暴力活动，可自己的组织私设刑罚，也是一种暴力的表现，如果当时政府能控制住汉中，必然和张鲁的组织有冲突。

总之，一个赤脚医生、一个变戏法的、一个搞传销的，在当时特定的情况下，都成了"大师"。

第二类，神龙无尾型——南华老仙。

俗话说，"神龙见首不见尾"，南华老仙就是如此。书中只说他就是赐给张角《太平要术》的异人，和张角偶遇，还是碧眼，没准来自国外。

自从传授完书后，南华老仙就没再出现。倒是他传书时，告诫张角的话值得品味。所告诫张角的话的意思大概就是要多给劳苦大众看病，普济众生，如果有别的想法，不会有好报。南华老仙可够神，后来张角果然有别的想法而没得到什么好报，估计南华老仙是一位博学的隐士或者哲人，尤其精通医术和政治。

第三类，看相算命型——管辂、紫虚上人、朱建平、周宣。

管辂，一位很有天分的算命先生。他打小就喜欢一个人看着天空发呆，其实是在看天象，由于对星空痴迷到不睡觉的地步，让父母很是头疼。

长大后，管辂对《周易》很有研究，曾经和一位叫单子春的地方官员讨论《易理》一整天，开始小有名气。后来占卜出不少疑难问题，都丝毫不差，名声大振，据说还曾经为一位原本只有十九年寿命的少年支着儿，让其活到九十九岁。

于是，曹操也请管辂给自己占卜。曹操先是告知自己被道士戏弄得很惨，管辂轻描淡写地说只是幻术而已，让曹董（曹操董事长的简称）的心病好了一大半。

接着，又应曹操要求，占卜曹操的事业发展动向，只说了十六个字：纵横三八，黄猪遇虎；定军之南，伤折一股。用现代的话讲，意思就是：建安（当时的纪年方式）二十四年，猪年正月，在定军山南一带，会牺牲一个得力兄弟。后来果然应验，曹操的一位本家兄弟兼得力助手夏侯渊在上述时间、地点被黄忠杀死。

然后，管辂又占卜几卦，包括刘备公司入侵、孙权公司损失大将甚至许都城会有火灾，都一一应验。

管辂的确是一位特殊人才，具备很高深、很神秘的一些知识和能力，接近古代欧洲的先知或占星士，可谓千年一遇的人物。

有意思的是，管辂还创造了一个成语：老生常谈。

事情是这样的：曹操的一个族孙曹爽掌握过曹操公司的实权，手下有一位叫何晏的参谋，就是三国早期杀猪出身的大军阀何进（曹操董事长和袁绍董事长那时还只不过是何进公司的小人物）的孙子，碰巧也请管辂给自己以及一位姓邓的同事算卦。可管神算却只说了一番看似很普通的为人处世的道理，惹得二位很不满意。怎么说何、邓二位也是高级白领，自认为水平很高，不满足听平常道理。邓白领说了句"老生常谈"，管辂就拂袖而去，临走说道："老生者见不生，常谈者见不谈。"就是忠告二白领要夹着尾巴做人，否则会有杀身之祸。于是，老生常谈这个成语就流传下来。

那么，管辂的忠告到底应验了吗？是这样的，管辂走后，到自己舅舅家，和舅舅聊了一会儿，说何白领有"鬼幽"之相，邓白领有"鬼躁"之相，二人必有杀身之祸。舅舅还不相信，骂管辂狂妄。

最终，二白领和他们的老板曹爽一起被司马公司拿下。大概管神算是通过二人的举手投足和气色精神而了解二人的性格而得出的结论，不可一味以迷信对待。管辂具备很丰富的知识和缜密的分析头脑，可谓真正的神算子。

与管辂的张扬相比，另一位算卦的人士就比较低调。此人道号"紫虚上人"，一位修行的老道，在刘璋公司治下的锦屏山修行。

刘璋公司的四位中层干部，即张任、冷苞、刘溃、邓贤，受命抵抗刘备公司来抢占地盘。出发前，四人中有人建议找紫虚上人问问凶吉。于是，紫虚上人出场。

接待四人时，紫虚上人再三谦虚，说自己道行有限，什么也不懂。可四人再三追问，紫虚上人只好也像管辂一样来了几句意思不甚明了的预言：左龙右凤，飞入西川；雏凤坠地，卧龙升天；一得一失，天数当然；见机而做，勿丧九泉。意思就是说：卧龙和凤雏，要来西川了；凤雏会牺牲，卧龙要升官；有得必有失，普天的道理；小心加谨慎，不要把命丢。

要是结合后面发生的事儿，似乎觉得紫虚上人挺神的。可相比管辂，紫虚上人说得不够具体，模棱两可的话太多。比如"雏凤坠地，卧龙升天"中，代表庞统的雏凤要牺牲还说得过去，可代表卧龙的诸葛亮"升天"就让人费解，"升天"也是死亡的一种委婉的说法，难道是预言诸葛亮也会死？也是，人都会死，有生必有死。

反正，比之管辂把时间、地点都交代清楚来说，紫虚上人所说的确实模糊。还有，让四人见机行事来保命就更让人糊涂，这四人只是具体的工作人员，至于与刘备公司是战是和，他们说了不算，他们只能效忠自己的公司，这也是恪守职业道德，要是为保命而投降，似乎与他们的身份不符。

再说，要是他们真的投降，就不会有落凤坡射死庞统的事情。那样的话，紫虚上人的话就不灵了。纵观紫虚上人的所有预言，的确有点自相矛盾。

后来四人又追问自己的气数，紫虚上人只说了八个字：定数难逃，何必再问？四人再问时，老先生就开始装睡。四人几乎是白来一趟，什么信息也没获得。

之所以会这样，有两种可能，一是紫虚上人是真人不露相，不想泄露所谓的天机。二呢？就是紫虚上人的专业或者说特长不是算卦，所以总爱说一些不太清楚的话。

记得一个小故事：三位书生进京赶考，就专门找一位"大师"问前程，求教谁能考中，谁又考不中。"大师"问完情况后，没说什么，只是伸了一个手指头而已。三位书生再想详细问，"大师"就是不解释，只是一再重复："天机不可泄露。"三位书生只好上路。事后，"大师"的徒弟问"大师"，伸一个指头何解，"大师"卖足了关子后说道："如果三人有一个考上，就是一个能考上的意思；如果两个考上，就是一个考不上的意思；如果三人都考上，就是没有一个考不上的意思；如果三人都没考上，就是一个都考不上的意思。"徒弟叹服。当然，还可以拓展一下这个故事，假如是四个书生来问前程，"大师"还能只伸一个指头？答案是肯定的。可以这么理解：如果一个考上，就是说一个能考上；如果三个考上，就是说只有一个考不上；如果四个都考上或考不上，那就是说没有一个考不上或没有一个考上；问题是如果只有两个考上呢？一个指头还好使？当然好使，那就是说一半能考上或一半考不上。再假如有五个或者更多的书生问前程，"大师"的"一指神功"照样管用。大家可以自己想想，自然明白。

所以说，紫虚上人的算命能力，值得商榷。不过人家预言"雏凤坠地"是不争的事实，也许他对于庞统那种争强好胜的性格有所了解吧。怎么说，紫虚上人也是一个潜心修行的有道之士。

朱建平，在演义里没有提及，但在正史里有记载。此人极其精通面相之术。曹操为此专门聘用他，当了一名文职干部。

曹操的继承人曹丕还是一位年轻的中层干部时，朱建平曾经给其看过相，说曹丕应该能活到 80 岁，但是在 40 岁时会有小灾，建议小心谨慎。结果呢，曹丕在 CEO 的位置上干到 40 岁时，病重，很难康复。这时，他才明白朱建平的意思，自己叹道："朱大师说我活到 80 岁，是把一昼夜当两天了，我到头了。"很快，曹丕去世。

可能是曹丕为了当这个 CEO，已经耗了不少心力和弟弟们争夺，再加上管理公司事务也是事无巨细，体力透支，算是"过劳死"。而当时朱建平给他看相时，不好明言，所以很含蓄地表达了一下看法。

为什么这么说呢？因为在给曹丕看相时，旁边还有 30 多人在场，朱建平同时给夏侯威、曹彪、应璩等人都看了一回，准确率很高，几乎都应验，甚至预言应璩将会在某年之后独自看到一只白狗而在场其他人都看不见的琐碎小事都实现了。

此外，朱建平还将面相之术扩展到马的身上。曹丕有一次要外出，派人牵一匹马。恰巧出发前朱建平见到这匹马，他说："看这马的面相，今天活不成。"果然，这匹马由于对曹丕衣服上的熏香气味过敏而咬了曹丕的膝盖，曹丕怒而杀之。

迄今为止，对于面相之术还存在很大争议，究竟有没有科学道理，还是有待后人探索。但无论如何，朱建平这位面相高人在当时可谓大师。

另外，还有一位演义里没有，正史里有记载的人物就是周宣。此人的特长是解梦。

周宣是一位地方官吏，解梦应该是他的业余爱好。但饶是如此，他解梦的准确程度还是令人惊叹的。

有一次，他的上司，太守大人问他："我梦见八月初一曹公要来，给了你一根棍子，还让你喝药酒，是什么预兆？"

当时正是黄巾军起义，周宣解道："棍子是对付弱者的，药酒是治病的，到了八月初一，黄巾贼必然被平定。"到了那一天，果然如周宣所言。

后来，周宣为不少人包括曹丕都解过梦，无一不灵。

所谓大师

9

更有意思的是，曹丕在请他所解的梦中有一个是曹丕自己瞎编的。等周宣解完后，曹丕得意地说破，等着看笑话。可周宣郑重地说："做梦表示的是一种信息，只要你说出来，就要应验。"果然，这个被曹丕编造的梦居然也应验了。

曹丕撒谎的梦是这样的：一座宫殿有两片瓦坠地，化为鸳鸯。

周宣解梦：宫里将有暴死者。

事实：几分钟后，就发生太监互殴而致死的恶性事件。

还有更厉害的：有人曾经说自己梦见刍狗，请周宣解析，周宣说："您要享受一顿美餐了。"果真，这人一出门就遇上了一个饭局。后来，这人又说自己梦见刍狗，这次周宣却解析："你要小心了，你将会因为从车上掉下来而摔断脚。"又应验了。后来，这个好事者又说："我又梦见刍狗了。"周宣解析："你家要失火，可得注意防火。"结果，还是很快应验了。

那人后来告诉周宣："我告诉你的三次梦，其实都是我胡诌的，只不过为了试探灵不灵，怎么还真应验了呢？"

周宣说："这是神灵让你开口说的，所以和真做梦没有差别。"

那人还不消停，问："可是为什么三次一样的梦解析结果却不同？"

周宣说："草扎的刍狗，是用来祭神的。你第一次说梦见，是开始祭祀，神吃了刍狗，所以你也沾光有得吃；第二次又说梦见刍狗，是因为祭祀完毕刍狗也就被车压断，因此你要'沾光'，你的脚要被弄断；第三次呢，压坏的刍狗被车拉走当柴烧了，你的家也就'沾光'，遭遇火灾。"

据说，周宣解梦的准确率和朱建平相面差不多，都在90%左右。

说到解梦，目前还是一个未解之谜。弗洛伊德的著作《梦的解析》实在高深，我国的《周公解梦》又过荒诞。究竟人的梦和现实有无联系，或者说如何联系，还不好界定。但有句俗语说得好："日有所思夜有所梦。"前面所说的解析太守的梦，就可以这么理解：由于当时黄巾军起义使得太守整日里忙着镇压，晚上睡觉时小脑活跃，还想着如何镇压，结果，梦境中一些看似不着边际的景象起到了一定的预示作用。梦醒后，周宣的解释则使梦境和现实建立起了联系。

可以科学幻想一下，现实和梦境之间存在信息换算函数，而周宣能基本看懂。

周宣，可谓解梦大师。

第四类，普济众生型——于吉、华佗。

于吉，职业道士，自称进山采药时得到一本名为"太平青领道"的天书，能治愈各种疑难杂症。

天书之说未必属实，但于吉的医术确实很好，在孙策公司的地界上据说医治好了上万人，还不收任何费用，在广大患者中很有威望。后来，于吉每每出行，百姓们焚香迎接，跪拜于道。

这下子，可让当时的孙策董事长很是忌惮，好嘛，威信都超过地主了，这还了得！于是，孙董（孙策董事长的简称）先是指责于吉煽动人心，可证据不足，加上其手下干部们也信于吉而纷纷求情，孙董就在吕范的建议下让于吉求雨，讲好了只要有雨就不杀于吉。可事实上雨给求来了，孙董还是把于吉给杀了，理由是下雨是上天的定数，于吉是瞎猫碰上死耗子。

问题是以后孙董总出现幻听幻觉，老感觉见着于吉，加之旧病复发，26 岁夭亡。于吉死前也说自己即使求来雨，也会被杀，看来他很了解孙策的性格。

可既然如此，又何必把排场弄那么大呢？可以推测，他和张角有类似的目的，只是还没有完全暴露出来。要不，于吉干吗老在东吴地面打转呢？

于吉，算是一个没有参透虚名且医术高超的道士。

倒是孙策董事长，认为晴天或雨天是天地之定数颇有唯物主义的思想，很符合现代科学的理念。

相比于吉，华佗就是纯粹的一个神医，周游天下，哪里有病人，哪里就有华佗。

华佗的事迹很多，据记载，他对人类医药卫生事业的贡献非常大，搁现在都可以拿好几回诺贝尔医学奖了。比如迄今为止，华佗是麻醉药最早的发现和临床应用者；华佗整理、编排的五禽

所谓大师

11

戏几乎是最受后人青睐的健身操；华佗在医学的各个方面包括内科、外科、儿科、妇科等都大有建树。这里只说说他在《三国》里的三个主要病人。

第一个是周泰，此人是孙策公司的一名业务骨干，为了保护当时的董事长弟弟孙权而身负重伤，生命垂危。经公司一位策划虞翻推荐，华佗接诊了这个危重病人后，很有把握，用自己配制的药物医治周泰，一个月后，周泰完全康复。

第二个是关羽，关羽的右臂由于中了曹仁的毒箭且毒药已经深入骨头，胳膊都动不了，还又青又肿，大家只好四处求名医。这时，华佗自己慕关羽之名上门，要给关羽治疗。由于之前医治周泰而名声鹊起，华佗很顺利地实施自己的医疗方案，那就是生生用刀子割开关羽胳膊上的皮肉，然后再用刀把骨头上的毒刮掉。那可是在没用麻醉药的情况下进行的外科手术，连看的人都几乎吓懵了，关羽还在手术的时候又是下棋又是喝酒，真够酷的。手术完毕，敷上药，缝合伤口后，关羽的胳膊就能动了。

第三个是曹操董事长。曹董有一个顽疾，用现在的医学讲，有点像神经官能性偏头疼，总也医治不好。经马屁精华歆的推荐，曹董接受了华佗的治疗。可华佗的治疗方案在当时太超前，就是先让曹董喝麻沸汤，即麻醉药，然后用斧子劈开脑壳，取出中医所说的风涎就可以了。多疑的曹董当然不会接受，可华佗大夫还很书呆子气的说人家关羽连麻醉药都不用就敢刮骨疗毒。真是哪壶不开提哪壶。再加上以前有一位叫吉平的医生企图借看病毒死曹董，曹董就认定华佗和关羽有交情，这次是借机来为其报仇的。结果病也不看了，直接就把神医给下了大狱，严加拷打。后来华佗受不了酷刑，瘐毙狱中。

最可惜的是，华佗的毕生心血，医学专著《青囊书》也没流传下来，真是医学界乃至人类的一大损失。

也许有人会问，为什么不给关羽用麻醉药。大概一是当时华佗还没有发明麻醉药；二是华佗即使发明了麻醉药但临床应用技术还不成熟。要说曹董赶上了比关羽还好的时候，可由于他太多疑，而失去治愈疾病的机会。

如果曹董能冷静分析华佗的为人，那就好了。第一，华佗是曹董的老乡，当时的乡土观念可比现在要强得多；第二，华佗看病，不为名利，给关羽治箭伤，分文不要，也不像于吉那样摆排场；第三，华佗很具备医生的职业道德，病人周泰和关羽是敌对方，可在华佗眼里只有病人，没有敌人。

华佗，无论医德还是医术，神医也。

第五类，真才实学型——左慈、诸葛亮、杜夔。

左慈，就是前面提到戏弄曹董的道士而被管辂说是实施幻术的那位。他也是曹董的老乡，道号"乌角先生"，此公的修行已经到了一定的境界。

左慈先是拿孙权进贡给曹董的柑橘说事儿，凡是曹董亲自剥开的都没有果肉，而他老先生剥开的都有果肉，唬得曹董赶紧以酒肉招待，可左慈一口气喝了五斗酒，吃完了一整只羊，还说没有吃饱喝足。

曹董好奇而询问他的专业，左慈自称在西川嘉陵山学习了30年的道术专业，又得到三卷奇书《遁甲天书》，还吹嘘此天书能教人腾云驾雾、穿山透石、藏形变身云云。最后力邀曹董跟随自己修行，放弃事业，并以所谓天书为诱惑。曹董礼貌性地推脱一下，说是没有接班人，才勉强干着。可左大师有点蹬鼻子上脸，竟然建议曹董把事业都交给竞争对手之一的刘备，这下子可把曹董惹恼了。曹董当时就把左慈给关起来，饿了7天，连口水也不给，可左慈却面皮红润，没事人一样，还叫嚣着，说自己几十年可以不吃东西，或者一天吃1000只羊也行。

曹董也就懒得理他。可是你曹董不理左慈，人家左慈却要再和你逗逗闷子。当时曹董正举行大型宴会，左先生也鬼使神差地出现，在大家都惊奇之余，说是要给宴会添几个好菜，曹董也不客气，接连点了龙肝凤髓、牡丹花（当时是大冬天），左慈都给弄了过来。

然后，左慈又给大家变出松江鲈鱼加紫芽姜以及曹董自己曾经焚毁的自家专著《孟德新书》，最后又把一杯美酒生生在杯子里分成两半，要敬曹董，曹董当然怀疑有毒而不喝，左慈却把杯子往空中一扔，变成了一只白鹤。在大家仰着头傻看时，左慈已经逃匿。

所谓大师

曹董认定左慈是恐怖分子，立刻派业务骨干许褚带人去追捕，许骨干不但没完成任务，还枉杀了群众的几百只羊。曹董赶紧让人画出左慈的肖像，全城戒严，搜捕左慈。要说左慈的特征挺明显，跛子加独眼龙、戴白冠、穿青衣、蹬木屐，最后确实抓着了，可一下子抓住了三四百个和上述特征一样的嫌疑人。曹董向来是宁可枉杀，不让漏网，命令全部押赴刑场斩首。可更神的是，被砍头的几百人的身体里都出来一道青气，在空中聚集而化成一个左慈，很潇洒地招来一只白鹤，拍着手，大笑着，还诅咒曹董快死了。曹董命令弓箭手放箭，却引来飞沙走石、大风弥漫，倒地的尸体却站了起来，各自提着脑袋，向曹董寻仇。曹董当场吓晕，之后，风停，尸首不见，由此，曹董就生了一场大病。

用现代科学分析，左慈运用了魔术、幻术、催眠术等技能，尤其是魔术可与当代魔术大师大卫·科波菲尔媲美。左慈确实有真本领，不同于一般跑江湖打把式卖艺之流。

另一位有真才实学的大师当属诸葛亮。卧龙先生是一位既有天才又很勤奋的大师。他从17岁开始在南阳自学，10年时间成了一位博学的杂家。多种学问、技术都窥得门径，其中不少门类可谓炉火纯青。

文学方面，他的《出师表》成为后来学子必读之文；天文气象方面，借东风就说明他很精通此道；军事方面，多次打得对手鬼哭狼嚎，可谓"抛盈郊之戈甲，弃满地之刀枪"；政治方面，把一个蜀国治理得很有章法，据说直到现在，四川一带的农民还将白手帕裹在头上，以纪念诸葛亮。他还非常清廉，以丞相之尊没有给后代留下一点私财，很值得现在的某些官员学习；外交上，舌战群儒被千古传诵；工程技术上，木牛流马、连弩令世人叫绝。据记载，诸葛亮还发明过一种有闹钟作用的小枕头。其余诸如面相学、星相学、心理学，等等，甚至装神弄鬼方面，都称得上高手，如果诸葛亮不是大师的话，恐怕天下就没有大师了。

杜夔，演义虽未见其人，正史却详加记载。此人在音乐方面对社会和人类有大贡献。他原本就是中央政府主管音乐部门中的一个官吏，后来因病辞官。他辞官后，各级地方政府争着要聘请他，可见他在音乐方面的造诣之深。

此人很具独立学者精神，严谨治学，从不趋炎附势。他在荆州避乱时，刘表在一次大宴会上想让他和另外一位音乐人合作演奏天子之乐。一切准备停当，这位学究却罢演，说刘表这样弄不合礼制，唱和天子之乐怎能在庭院之中？刘表可能是迫于名声，也就不再坚持。

后来，杜夔接受曹董的礼聘，成了中央政府主管音乐的大员。他工作执著、认真，曾对铸造部门所造的编钟不满意，认为音色的清浊不合规矩，因而多次责令销毁重铸。铸造负责人柴玉认为杜夔这是有意刁难，心怀不满，此后，二人总是在工作中相互指责。这口水官司一直打到曹董那里。曹董是明白人，随即抽检柴玉所铸造的编钟，果然如杜夔所说。于是，曹董判杜夔胜诉，柴玉等相关责任人免职，并罚去养马。

可后来曹丕接班后，又提拔柴玉。喜欢柴玉这种人的老板自然受不了杜夔这样的学究气。很快，杜夔就被老板炒了鱿鱼。

杜夔做官不行，但治学却成果丰硕。他精通音律，黄钟大吕、丝竹八音，无所不会。不擅长歌舞，可他很有组织才能，把当时擅长歌舞的各类人才会聚一起，成立了课题组，考证古籍，采风民间，制造乐器、总结理论，成为恢复古乐的先驱者。所以说，杜夔是一位真正的音乐大师。

想想现今，不是缺乏天才，而是人们太浮躁，如果能像卧龙先生那样认认真真地、踏踏实实地学习，绝不会昙花一现。10年不算短，但也不算长，德国文学大师歌德的《浮士德》竟然打了60年的腹稿，看来想当真正的大师，得需要火候。

第六类，一知半解型——司马懿、郑玄、谯周。

司马懿，中小官僚出身，很善于为官做人，曹董在时，夹着尾巴做人，平庸中偶尔也献上几条不痛不痒的建议，这个分寸感司马懿把握得很好：太能耐吧，会让领导嫉妒；太无能吧，可能会被炒鱿鱼。所以在前期，司马懿并不显山露水。此人也精通兵法，深通韬略，很有心机，能从曹爽手里夺回大权，还能让权力平平稳稳地过渡到自己儿子、孙子手里，他很会玩政治。同时，也能看懂一点星相，只是不大精通。最终，司马懿使自己家族攀登到了事业的顶峰——"三国归晋"。

郑玄，当时的大知识分子，好学而多才，据说他的师傅马融曾经因嫉妒而想谋害他，可他却巧妙地布了一个局，让师傅通过算卦以为他死了，从而逃过一劫，可见懂得一些玄门之术。郑玄曾经当过很大的官，后来因为和宦官们合不来而辞职回家，专门治学。据记载，连他家的女仆都能风雅两句。郑玄门下弟子很多，刘备、袁绍等不少位董事长都曾向他求教。也许是此人太醉心于风雅学问，在玄门方面没再投入太多精力，所以，"大师"的名头不怎么响亮。

谯周，西川人士，通晓天文，动辄爱拿星相说事儿，尤其爱以此鼓动原来的老板投降。在刘璋公司就主张投降刘备公司；后来在刘备公司，又主张继任董事长刘禅投降司马公司。还和诸葛亮辩论过天数，当然不是对手。把此人和上述诸位大师或"大师"同列，有点勉强，但他还有一个身份，那就是《三国志》作者陈寿的老师，冲这，也得给点面子。

其实，这三位当"大师"都不太够格。司马懿更合适称为一个政客；郑玄确切地说是一位学究；而谯周，只能说是一个十足的腐儒。但三人都多少沾点边，姑且算上。

第七类，七拼八凑型——司马徽、黄承彦、孟节、普净和尚。

司马徽，道号"水镜先生"，能通过看人气色知道此人的境况，有点"大师"气。他对刘备就是这么说的。但可以认定，他是先打听好刘备公司的经营状况才下了关于刘备公司用人状况的结论，否则，仅靠看面相就能知道刘备公司的员工名单，也太玄了。比较奇怪的是，他几次向刘备推荐诸葛亮，却又说诸葛亮生不逢时，态度很是模棱两可，到底诸葛亮该不该出山？问司马徽，估计没有明确的答案，因为他只会说："好，好。"

黄承彦，诸葛亮的岳父，也能欣赏点古诗今韵，据记载，他的女儿在工艺方面给了诸葛亮很大的帮助，所以可以断定黄老先生也通鲁班之术。而且，在孙权公司以火烧连营大败刘备公司，当时的 CEO 陆逊穷追而陷入诸葛亮事先布好的"八阵

三国猫头

图"后,黄老先生偏偏要把自己女婿的对头给救出来,想成就"大师"的名头也不能这样啊!诸葛亮可是交代过老丈人,别管敌人的死活。也可能确实是黄老先生有很强的恻隐之心,只看到眼前孙权公司的员工可怜,却不想他们追杀刘备公司员工时的凶狠。

孟节,当时南王孟获的大哥,号称"万安隐者",曾指点诸葛亮的人马解毒,尽管他知道这些人马是对付自己弟弟孟获的。当诸葛亮要让他取代孟获为王时,他却不干。可见确实是一位真正的隐士。

普净和尚,关羽的老乡,在关羽千里走单骑护送嫂子们找哥哥时,在汜水关镇国寺巧遇。多亏普净提醒,否则关羽可能就被守关的卞喜给害死了。后来,普净和尚在另外一座山头,湖北当阳玉泉山修行,又以法眼认出关羽的英魂,还点化其成神,也够有神通,所以算一位"大师"。

这四位都是本来事不关己,但是有心也好,无意也罢,都掺和了一把。司马徽大概是看重刘备的血统才帮助其招聘人才;黄承彦和孟节都帮助了自己亲人的对头,也都是为了救人,算是以人为本;只有普净和尚,算得上"和尚不亲帽亲",帮助了自己的老乡。从他们四人的能力和才华看,当个隐士足矣,在当时是算不上大师,但按现在标准,哪怕指点一句,都可以视作高人,当然是"大师",所以,一并拉来凑数。

上述一共列出 20 位人士,真正能称得上大师的共有 7 位:诸葛亮、管辂、朱建平、周宣、左慈、华佗、杜夔;勉强算得上大师的只有 1 位,就是郑玄;其余的 12 位不论是真隐士,还是假神仙,按当代的一些标准,都可一概称为"大师",都有一样可取之处的,哪怕只会看星星。

但不管怎么说,上述 20 位都或多或少地学习了点东西,不像当今一些不入流的骗子也自称"大师",比之《三国》里出现过的一位西凉女巫还差得远,实在让人"佩服"他们的胆子之大、脸皮之厚。更有一些厚颜无耻之辈,以大师泰斗之名,行招摇撞骗之实,就更让人嗤之以鼻!

至于当今怎样区别一位高人究竟是大师,还是"大师",甚至"大师"究竟是不是假冒伪劣产品，只需记住四句话：

大师或"大师"，
推敲即可知。
事前预言早，
事后诸葛迟。

老板身边的人最危险

身处商海，追逐利益。难免要与各色人等角逐智力、比拼精力。成功的公司多半有着各自的经验，但有一点应该一致，那就是善于用人。如果这一点做好了，就事半功倍；反之，不仅寸步难行，甚至还会遇上不必要的麻烦。人的作用有三类，一类是积极的、正面的，再一类是消极的、负面的，还有一类是混事的、中庸的。不要以为一个人不发挥积极的、正面的作用，顶多变成混事的、中庸的一类。更多的情况是，一个没有发挥出积极的、正面的作用的人很可能一下子就会发挥消极的、负面的作用。

比如，如果老板身边的文秘人员不是铆足了劲儿去干活的话，很有可能会从无所事事、人浮于事蜕变成到处坏事。要知道，秘书是离老板最近的人，更有可能掌握很多一般员工无法掌握的资料。所以说，一旦这样的人有异心，老板就会有意想不到的麻烦。

为此，就拿《三国》中的吕布来说明一下。需要明确，这里的《三国》指的是《三国演义》和《三国志》两方面。

那么，为什么用吕布当例子？先来看看吕布究竟是什么样的人。

按照《三国》武将通行的武力排名，有"一吕二赵三典韦，四关五马六张飞"之说。大概因为"三英战吕布"之故，吕布荣登"三国武力榜"状元。

确实，吕布的武力，不仅是演义里渲染，也见诸正史。俗语说："英雄莫问出身。"但这话多半是出身不够荣耀但后来发迹的人物用来自我安慰的。其实，英雄的出身就如同人才的履历一样，也是一个很重要的参考指标。

《三国志》中，这么记载："以骁武给并州。"这足以证明吕布是靠武力挣得原始声望。

但是，根据"刺史丁原为骑都尉，屯河内，以布为主簿，大见亲待"的记载可知，吕布的出身是"主簿"之职。

那么，何谓主簿呢？就是给领导掌管文书的，类似文秘，或者说机要秘书。这么看来，吕布还真很有点文武双全的架势。

结合当时的情况看，就不奇怪。汉朝的大丈夫多半是文武双修，比如刘备、公孙瓒，包括曹操都是能文能武。因此，吕布此人，文化程度应该不低。否则，很难胜任主簿工作。

如果将东汉末年的各路诸侯比作一家家公司的话，吕布就是丁原公司的秘书长。

由此，孔子在《论语》所说的"文质彬彬"的真正含义还可以进一步引申。文，可以理解为知识；而质，则可以解释为本质，或者说身体素质，再扩大一下概念就是前面提到的"骁武"。

所以说，真正的大丈夫应该是文武双全，既有文，又有质，才能达到"文质彬彬，然后君子"的境界。

还要提一句，根据正史，似乎并没有关于吕布认了丁原当干爹的记载。甚至关于吕布和董卓的关系，也只是提及吕布说董卓待自己情同父子，并没有说董卓是吕布的义父。

至于为何张翼德动辄爱拿吕布的"三姓家奴"称号说事，大概是因为小说家带有自己的褒贬。

姑且按照演义的说法，吕布先后在丁原公司和董卓公司干过，而且都是在老板身边工作，属于老板身边的人。可这两家公司的老板都是一样悲惨的结局，吕布用几乎如出一辙的手段将两位老板谋杀，前一次是为物质，后一次是为感情。当然，两次都是在识时务者为俊杰的名义下进行的。

两次谋杀中，吕布有着固有的作案动机和特有的作案条件。

固有的作案动机就是当时的社会大环境。既然是群雄割据，新公司如雨后春笋，随着竞争的加剧，势必会有相互兼并的现象。而一些本来没有多大志向的人看到开办一家公司的门槛那么低，自然趋之若鹜。再加上摇唇鼓舌者不遗余力地煽动、运筹帷

三国猫头

幄者处心积虑地算计，吕布想不这么干，也难。

　　特有的作案条件就是吕布的职位。吕布有足够的时间去了解被自己杀掉的两位老板，而且由于干的是文秘或文秘兼打手，对于老板的家底、路数、习惯甚至是出行路线都熟悉得如同自己手纹一般。

　　上述两方面条件都具备之后，作案与否只是等待契机。在那个时代，最不缺乏也最泛滥的就是契机。

　　当然，吕布的下场也比较悲惨。原以为谋杀完老板们就可以驰骋天下甚至逐鹿中原。可是，真要自己当上老板，就会知道事情远不是那么简单。吕布文有陈宫之谋、武有张辽之勇，兼有高顺、臧霸之助，可最后竟然被自己的中层员工出卖，像捆绑一只猛虎那样被捆着四肢献给了曹操。

　　吕布到死还觉着自己对待背叛者不薄，一直将委屈带进坟墓。其实，吕布只是不知道，当老板不光要有野心和狠心，厚德载物的道理对于吕秘书来说，实在高深。

　　在文明社会，杀戮以及其他类型的犯罪为法律所不允许。可是，现在的老板们也不要忽视自己身边的人。毕竟，在当今这样需要协作的社会中，个人英雄主义只是一种精神，而绝非做事手法。何况，法律所禁止的事情并不是说这类事情就没有发生的可能。对于一些有亡命徒倾向的人来说，越是法律禁止的，就越有诱惑力。

　　如果做老板做成丁原、董卓那样，还不如为人打工。

冰寒于水　青出于蓝

《荀子·劝学》里所说的青出于蓝而胜于蓝的道理基本上妇孺皆知。可如果说刘禅比之于刘备也符合前面的圣人之理，似乎少有人能接受。

一般来说，这位后主给人的印象就是花天酒地、不理朝政，直到最后做了亡国之君，还创造出个乐不思蜀的典故，流传后世。难怪此公（司马昭封他为"安乐公"）口碑不佳。

然而，如果对演义和正史细微揣摩一番，不难发现：阿斗和自己亲爹比起来，在一些方面则的确是青出于蓝而胜于蓝。

下面就刘备、刘禅父子各自应对的三种场面来比较一下：

三顾茅庐和独闯相府

对待自己的重量级员工诸葛亮，刘备三顾茅庐给足了诸葛亮面子，尤其是第三次，身为大汉皇叔的刘备居然在茅屋屋檐下候着诸葛亮午休，这种诚意自然也为成功聘请诸葛亮增添了砝码。

比之自己父亲三顾茅庐的赤诚，刘禅的独闯相府则更加显示出自己丝毫不逊色的领导艺术。

刘禅继位之初，老谋深算的司马懿竟然趁着蜀国办丧事，筹划用五路大军合击蜀国，来势汹汹。而此时诸葛亮却在自己家花园里悠闲观鱼，真有几分玩行为艺术的味道。

更不大对劲的是，诸葛亮居然不上班。刚继位的刘禅先是通知他上班，但他称病不来；又派两名小干部去请，却吃了闭门羹。刘禅赶紧去找皇太后商议，皇太后都要亲自召见诸葛亮了。

但是，一位干部建议由刘禅亲自去诸葛亮的相府探视。这对于一位新即位的皇帝来说，是一次不小的考验。新官上任尚且三把火，新皇帝坐龙椅居然要先去自己臣下那里报到，这对于刘禅来说，不大好接受。但是，刘禅思忖再三还是去了。就冲这一点，刘禅还是有点儿判断力。这也许算是诸葛亮对刘禅的判断力测试。到了相府门口，刘禅发现百官都被门卫挡着不许进，就算自己这个皇帝也要先向门卫打听诸葛丞相的情况。这大概是诸葛亮对刘禅的礼貌测试。

情况有点诡异，需要新皇帝独自进门探视。刘禅居然一个人独自进了相府，过了三重门。这种行为又是诸葛亮对刘禅的一种勇气测试。试想，对于皇帝来说，安全是最重要的，一般不会轻易涉险。毕竟，这里不是自己的皇宫，但刘禅还是勇敢地进了相府的门。

终于见到诸葛亮。这位元老在背对着自己观赏一个小水池里面的鱼。要是一般老板，早就要斥责这位不知轻重的元老了。火烧眉毛的时候，这人还在赏鱼呢！可是，刘禅却不这样，他就这么安静地站着，也不打扰诸葛亮观鱼的雅兴，刘禅就这样通过了诸葛亮的耐心测试。

过了许久，刘禅才小心翼翼地问一句："丞相安乐否？"这话很有水平，明里是问候病情，很尊重也很客气。可客气中带着一股责问的味道，意思是说都五路大兵要压境了，您老还有心情看鱼呢。这个问话可谓软中带硬、柔中有刚，很有领导者的语言艺术。

事已至此，诸葛亮当然不会再摆架子，赶紧行礼，然后又大包大揽，胸有成竹地说自己早有"安居平五路"的方略。刘禅并没有就此作罢，还详细询问了具体应对办法。最后，才说："皇太后本来要来请你的。"这明显是在敲打诸葛亮。这句话的潜台词可以这么理解：你老人家架子不小啊，害得我母亲都要来请你，是我孝顺，替母亲来的。要不是这样，老板能来吗？总之，我本来可以不来。

最终，刘禅这个新皇帝又通过了诸葛亮的语言艺术测试。

诸葛亮这边，很过瘾地拿了新老板一把，挣足面子后，也就老老实实上班去了。

其实，刘禅的独闯相府的难度要大于刘备的三顾茅庐。

刘备请诸葛亮，表面上看是刘备积极主动，但实际上是布衣之身的诸葛亮也很看重刘备的皇室正统身份，适当摆摆架子是在表明自己很清高，也提醒刘备在聘任自己后，要言听计从。而刘禅独闯相府时，诸葛亮已经是丞相，做官时间一长，难免真有了架子。宰相门人尚且七品官，更何况宰相自己？

再说，刘备请诸葛亮时的危险系数几乎为零。在一个草庐里，一个书生、一个小童，不至于去谋害一个皇叔。而刘禅独自一个就进了相府，确实需要承担一些不可预见的风险。比如，刘禅还有几个弟弟，如果诸葛亮想辅佐他们中的一个呢？

刘禅在挑起担子时，就隐约显示出超越自己父亲的气势。

假摔亲子与巧和稀泥

刘备荆州逃难时，遭遇曹操的铁甲军追杀，连老婆、儿子都顾不上。要不是得力手下赵云拼死血战，刘备当时唯一的儿子阿斗就有可能死于乱军之中。所以，在刘备从赵云手里接过儿子阿斗时，假意摔在地上，假惺惺地说："为了你这臭家伙，几乎损失了我一员上将！"就是这么明显矫情的话居然让赵云感动得涕泪交流。

刘备这个即兴表演很有风险，如果摔孩子的手法和力度把握不好，刘禅可就惨了，轻则脑震荡，重则瘫痪，后面就没戏唱了。

刘备为了在大败之后笼络人心，下了不小的本。当然，估摸着当时他也就这么点本钱。赵云如果仔细琢磨一下，有可能会毛骨悚然。试想，连一个自己亲生骨肉都可以不要的人，怎么可能会真正善待臣下？

可见，刘备这个举动一来冒险，二来做作。

刘禅在笼络手下时，就显得圆滑老练一些。在姜维因为工作上的事儿当着刘禅的面怒气冲冲、大声责骂并扬言要杀掉刘禅宠信的宦官黄浩时，刘禅处理得非常艺术。

首先，刘禅不生气，至少表面不生气。毕竟，你姜维也太嚣张，老板面前都敢如此不克制。其次，刘禅耐心劝姜维，说："姜维啊，你这么有身份的人怎么能容不下一个太监呢？"最后，又让黄浩向姜维磕头外加哭泣求饶。这下子，搞得姜维也没脾气，只好作罢。

　　刘禅这么处理，一来不会有风险，反正是他黄浩的脑袋碰地，哪怕碰成猪头也与自己无关；二来显得很诚恳，你看，我这么宠信的人都向你姜维磕头认错了，杀人不过头点地嘛，不要太过分。再加上自己做思想工作，你姜维要是再闹下去，就不占理啰。

　　就这件事来看，刘禅在如何协调下属关系方面，比自己父亲更会拿捏火候。这种善于和稀泥的功夫也是一位优秀领导者所必需具备的素质。

青梅煮酒与乐不思蜀

　　刘备在不怎么走运时就曾经因为名声太大招致曹操忌讳。曹操也很矛盾，当时如不问缘由就杀皇叔肯定说不过去，可放任自流又心有不甘。于是，曹操导演了一出煮酒论英雄的好戏。

　　平心而论，刘备示弱的功夫很强，即兴表演能力也属上乘。借助一个炸雷，弥补自己扔筷子的严重失态，成功地骗过曹操一回。

　　刘禅在成为宿命中的亡国之君后，当他和自己的大臣们一起被押解到魏国沦为阶下囚时，受到不错的待遇。司马昭还用宴会和歌舞来招待他们，可能是想羞辱他们君臣。但刘禅似乎浑然不觉。当魏国舞蹈开始表演时，刘禅的大臣们心情沉重、眉头紧锁，而刘禅却在乐呵呵地欣赏；当司马昭又别有用心地让人表演蜀国歌舞，刘禅的大臣们都禁不住落泪，而刘禅却是喜形于色。

　　酒宴喝到酣处，司马昭实在不能忍受（原本是想让刘禅不能忍受），问刘禅道："是不是很思念蜀国啊？"刘禅连眼睛都不眨一下，答道："这里多乐呵，想啥蜀国啊。"司马昭几乎晕倒。

　　蜀国的一位叫郤正的大臣可真受不了了，他趁着刘禅上厕所时尾随而来，建议刘禅应该这样回答："祖宗的坟都在蜀地，心里很悲伤，没有一天不想回去啊！"刘禅记性不错，当再回到酒席上时，司马昭由于喝得微醉，还真又问了一回同样的问题。刘禅按照郤正所教的回答，一字不差。而且，刘禅还装出想哭的样子，可调动不起情绪，只有闭着眼睛装深沉。

老奸巨猾的司马昭当即诈唬刘禅："咋听着像郤正说的话呢？"

刘禅赶紧睁开眼睛，瞪着司马昭，说："事实和您说的一模一样啊。"

这时，司马昭和其他出席酒宴的魏国官员简直笑翻过去。

笑归笑，司马昭通过这件事，认为刘禅倒是个实在人，也就不再顾虑他了。

刘禅的这次表演简直就是大师级！可以说，疑心病再重的人都鸡蛋里挑不出骨头了。如果刘禅只是说句"此间乐，不思蜀"就结束这场宴会，可能司马昭会觉得刘禅在装。可当刘禅假装天真烂漫地泄露郤正的交代以后，司马昭就对刘禅的坦诚深信不疑。至此，刘禅既有自己的圆滑和老练，又继承了刘备的即兴能力（郤正中途的建议其实很突然），已经达到冰寒于水、青出于蓝的境界。

此后，刘禅安安乐乐地活到司马昭儿子司马炎当皇帝后的第七个年头。

其实，刘禅应该很清楚蜀国的家底，他也许也想恢复汉室。但是，当时的生产力优势全在魏国，不管从人口、物质、军力上看，蜀国都不是对手。自保尚且勉强，更遑论灭掉魏国和吴国！

所以，刘禅的目标就是维持现状。他的工作就是在下属之间和稀泥，使蜀国尽可能长久地运转下去。实在不行，那就"苟全性命于乱世，不求闻达于诸侯"吧。

如何获得第一桶金？

　　一个人或一个公司无论事业多么成功，如何取得第一桶金至关重要。第一桶金取得的方式对于取得者以后的发展有着决定性的影响。

　　东汉末年，没落腐朽的政权虚弱到了几乎喘不上一口完整的气儿的当口，黄巾军蜂拥而起，风起云涌的时代到来。

　　于是，形形色色的野心家们悉数登场。而野心家们要想实现自己的追求，无一例外地都要获取自己的第一桶金。这么多野心家获取第一桶金的方式自然不尽相同。

　　本文根据演义和正史，对称得上野心家的人士的发家史进行简要分析，从而归纳每个人的掘金方式。

　　需要说明的是，野心家不一定是能力超群的人，比如何进、刘璋之流；能力超群的人不一定是野心家，诸如关羽、姜维之辈。

　　还有，野心家们掘金的方式和自身的能力有时是一致的，有时并不一致。这一点将会在文中就个案进行分析。

关　系

　　关系，在人们心中有着非常深刻的印象。生活中办许多事情不得不向关系低头。然而，关系的作用不仅体现在现代社会生活，即使在三国时代的前前后后，关系这个宝贝一样吃遍天下。

　　靠着关系取得第一桶金的掘金客至少有何进、袁绍和袁术。

先说何进。

何进，官至大将军，掌握着全国军权。其实他的起点并不高，也就是一个杀猪的。因自己妹妹得宠进而成为皇帝的大舅哥，杀猪之人极可能精于算计，竟爬到权倾朝野的重臣位置，实在让人叹服。

他铁定是有点能力的，否则，根据那时的情况，皇帝的大舅哥不止一位，怎么偏偏就轮着他这个大舅哥当大将军？而且，还可以断定，不少大舅哥的出身应该比屠户优越。

当然，光是一方面使劲不行。屠户妹妹也很争气，她为皇帝生了一个儿子，也就是说，这个外甥为屠户舅舅争取了一枚分量颇重的砝码。

就这样，屠户舅舅一步一步（也可能是跨级提拔）成了屠户将军，真是风光一时。不知道何大将军拿令旗的手是否还像拿杀猪刀的时候，孔武有力、虎虎生风。令旗一定被挥舞得迎风招展。

可是，这个将军却时不常莫名其妙地会涌现慈悲心肠。难道真是杀猪杀得太多，开始变得慈悲？

10个太监是大将军的政敌，要说他们与何大将军绝对应该是水火不容的局面。奇怪的是，在自己妹妹的左右下，在自己贪财弟弟的忽悠下，何大将军竟然在自己占据主动时不除掉这些不甘寂寞的太监们，而是认为他们会像绵羊一般俯首帖耳！

当时何进的两个小弟，都为此劝谏过，可大将军认为这两个小弟没出息，不但不听，还耻笑他们。后来，这两个小弟也都成为比较成功的野心家，他们一个是曹操，另一个是袁绍。

既然这么看不上袁绍小弟，却不知怎么鬼使神差地又采纳了这个小弟所出的馊主意。为除掉宦官，居然请地方武装进京。这绝对是玩政治的大忌！请神容易送神难，结果此举成就了董卓这个大野心家。

最后，因为诛杀太监计划泄露风声，何进还是被自己所看不起的太监们先下手为强而害死，自己的妹妹无意间成了帮凶。

究其原因，就是因为这个屠户极其缺乏决断力，一会儿雄心勃勃，一会儿又觉得自己是个好哥哥、好舅舅、好大舅哥。说真的，既然要当野心家，就不要再想构建"和睦大家庭"。

究其根本，就是因为何进获取第一桶金的方式不大光彩，导致他总是抬不起头，尤其是在自己妹妹面前。

再说袁绍和袁术。

之所以将二人放在一起来探讨，有三个原因。其一，二人的亲戚关系；其二，二人有着类似的先天优越感；其三，二人被淘汰出局的原因基本一样。

根据演义，二人是堂兄弟。可是，根据一些历史资料来看，二人是同父异母的亲兄弟。袁绍虽说是哥哥，但由于是庶出（父亲的小老婆生），所以和嫡出（父亲的结发妻子所生）的袁术弟弟之间从小就埋下了相互敌视的种子。袁绍后来被过继给二伯父，所以演义里就将二人说成堂兄弟关系。当然，按照宗法制度，确实也是如此。

袁家素有"四世三公"的名声，属于大汉政府的官宦世家。二袁的高祖（爷爷的爷爷）就是汉朝的高官，做官做到司徒；曾祖（爷爷的父亲）袁京当过太守，曾祖的弟弟袁敞做到司空；爷爷袁汤官居太尉；生父袁逢和四叔袁隗都位列三公（袁逢官至司空，袁隗官至太傅），二伯父也就是袁绍养父袁成官居左中郎将。

这样显赫的家世使得袁绍、袁术从小就有过人的见识、贵族的优雅、煌煌的声望。一旦到乱世，他们这等人振臂一呼，想有所作为的人士自然会趋之若鹜、鞍前马后。所以，在《三国演义》里，袁绍、袁术很容易就得到了各自的第一桶金。袁绍自从和董卓翻脸后，在渤海起兵，借助曹操一封声讨董卓的假诏书，顺理成章地成为十几路诸侯的盟主。而袁术则在孙坚的帮助下，不太费力地占据南阳，作为进一步逐鹿的基地。袁家兄弟一出场，起点就很高。

可惜，二人毕竟是官宦人家，取得第一桶金之后如何经营就不是很在行了。激烈竞争中，兄弟二人还不团结甚至相互利用、相互忌讳乃至相互敌视。根据正史记载，袁绍曾经和袁术的死对头刘表交好，而袁术却和袁绍的竞争者公孙瓒结盟。兄弟交恶，竟至于此！看来，儿时的阴影已经挥之不去。

最终，内战内行、外战外行的袁家兄弟逐一被曹操淘汰出局。不同的是，袁术早一些，因为自称皇帝而激起公愤，使得大汉皇叔刘备不得不屈尊为大汉丞相曹操打下手，曹操淘汰袁术，可谓借刀杀人。袁绍还勉强算是曹孟德的对手，曾经也想步人后尘、拾人牙慧，也来个挟天子以令诸侯。可惜，犹豫不决的个性使他下手慢了一拍。曹操淘汰袁绍，属于亲自操刀。

侵 占

侵占，就是侵夺占据，使用非法手段来获取一些不属于自己的东西。这种行为按照现代法律来说，属于违法行为。

可是，在三国时代，能具备侵占能力，还是需要一定资格的。而且，一旦有资格并多少实施了侵占行为，就有了当野心家的原始资本。

以侵占方式获得第一桶金的掘金客有很多。因为，由于皇权的衰微、黄巾军等农民起义的冲击，各级地方官以镇压黄巾军为理由，摇身一变，都成了割据一方的诸侯。可以说，这些诸侯都是靠着侵占大汉公共资源而起家的掘金客。

这一类野心家人数众多，比如，徐州太守陶谦、西凉太守马腾、北海太守孔融、冀州刺史韩馥、兖州刺史刘岱、荆州刺史刘表、益州刺史刘焉、扬州刺史刘繇、会稽太守王朗等，估计不下百人。

然而，侵占，对于这些野心家来说，从正面意义看，确实能使各自成为一方势力。可是，从负面意义看，终究难逃被更强的野心家吞并的命运。

陶谦、马腾、刘岱、刘表四股势力被曹操势力巧取豪夺，孔融、韩馥这两股势力被袁绍势力蚕食鲸吞，刘繇、王朗两股势力被孙策势力横扫千军，刘焉这股势力传到儿子刘璋手里后被刘备势力鸠占鹊巢。

分析一下原因，不难看出，这样的野心家基本上都是墨守成规、缺乏创意之人。因为他们在大汉政权之下能当上地方官，都是按照被举荐的程序来的。他们本身就缺乏可持续的野心，比如孔融，虽说已经成了小军阀，总是以圣人之后自居，动辄还恨不能恢复到周朝统治时的样子，整个一个冒牌野心家；刘表、刘繇、刘焉、刘岱，四人皆是汉室宗亲，想扩大野心吧，还得羞答答的，很难大施拳脚，这四人可谓虚伪野心家；马腾、陶谦，也都是从基层中一点点升迁上来的，充其量算是进修野心家，很难有雄才伟略；韩馥、王朗这样的人，本来就不具备野心家的资格，只是潮流所致，跟风而起，这种跟风野心家怎么可能是正牌野心家的对手？

所以说，以侵占获取第一桶金的掘金客们，必定是以侵占开始，以被侵占告终。

玩 命

前面侵占部分说过，不是所有人都能具备侵占资格。毕竟，能做到守土一方地位的人还是相对极少数。因此，对于那些不具备侵占资格又想获取第一桶金的野心家们来说，还有一种比较极端的方式可以尝试，那就是玩命。

采用这种方式的掘金客至少有三位：公孙瓒、孙坚、孙策。

先说公孙瓒。

此人出身平平，属于那种基层小吏，由于相貌雄伟、嗓门大，很能凸显男子汉气概，颇得上司赏识，成为上司的女婿。后来又拜卢植为师，学习经学，和刘备也算同学。

要说这样的出身和能力只能算一般。可是，公孙瓒凭借自己的勇猛，或者是说置之死地而后生的精神，为自己成功地掘得第一桶金。

一次，他和几十个骑兵去塞外办事，遭遇到几百名正处于敌对状态的鲜卑骑兵。面对兵力上的绝对劣势，公孙瓒先带着大家躲起来，然后激励大家，说："今天要是不玩命，都得玩儿完！"说罢，自己亲自挥舞着两头都能刺杀的长矛，率先冲杀出去。此役，他一人就刺死、刺伤几十名鲜卑骑兵。其余同伴备受鼓舞，也拼命杀出。结果，公孙瓒和一半同伴活了下来。

凭借此次玩命，公孙瓒打出了名声，鲜卑骑兵吓得不敢再来侵袭。公孙瓒也因此得到了自己的第一桶金，升迁为涿县县令，总算独当一面，成了一位小豪强。

凭借玩命得到甜头后，公孙瓒越来越喜欢玩命，确实也通过玩命一路升迁。镇压张纯起义后，公孙瓒官封奋武将军，俨然成了大豪强。在他最鼎盛的时期，官封前将军，还得到朝廷给予的易侯封号。袁绍、袁术兄弟都得让他三分。

可惜，过分依赖玩命的公孙瓒在战略上乏善可陈。幽州军阀刘虞和袁绍结盟，又伙同北方少数民族诸如乌桓、鲜卑等骑兵，准备吞并公孙瓒的地盘。

要说公孙瓒不是没有机会，只是过于贪恋自己玩命换来的地盘，不肯顺势而为。而且，在战术上又犯了错误，最后全军覆没，自己动手杀死全家后，自杀了事。这种玩命劲头倒是有始有终。

再说孙坚和孙策。

孙坚也是小吏出身，据说是兵家师祖孙武之后。对于这个说法，不好考证。孙坚玩命时倒也讲究点兵法，从这一点看，比公孙瓒略胜一筹。

事情是这样的：年仅17岁的孙坚和父亲一起搭船走水路到钱塘，可途经匏里时遇上海贼打劫。海贼们很嚣张，就在岸边开始明目张胆地分赃，孙坚悄悄对父亲说："这些海盗可以对付，请父亲大人允许我行动！"父亲说："你可对付不了啊！不要轻举妄动。"可孙坚还是行动了。他只有自己一个，而海盗有十余人。只见孙坚拿着把刀，跳到岸上，指手画脚、大声吆喝，给人感觉是在分派人手的样子。这样一来，海盗们以为官兵来了。再说海盗上了陆地，就难免心虚，于是，一伙人丢下财物，如鸟兽散。孙坚还不算完，一个人追杀过去，收获一个海贼的首级而还。由此，孙坚扬名立万，正式在政府任职。

孙坚这样做，是要冒很大的风险的。如果海贼识破，孙坚就很麻烦。孙坚和海贼斗智加斗勇，用的是玩命加计谋的手法。

后来正好又有一个叫许昌的邪教头目自称皇帝，敢于玩命的孙坚将其剿灭。此后，孙坚就是名正言顺的郡司马了。

至于孙坚参与镇压黄巾军时，更是打起仗来不要命，身先士卒，攻打宛城时亲自爬城墙，大大鼓舞了己方士气，从而攻破了黄巾军的最后老巢。由于战功，孙坚官封别部司马，相当于大将军的助理，类似现代军队里的参谋长。

然而，有句古话说得好：将军难免阵前亡。孙坚总是这样披坚执锐，在和刘表部下黄祖交战时，被对方设计暗箭射死。

玩命不仅让孙坚收获第一桶金，还意外地听从了死神的召唤。

不知道是不是遗传使然，孙策在玩命方面颇有乃父之风。但是，值得赞许的是，孙策也是白手起家。因为，孙坚死后，孙家简直就是破落户。孙策只是借着父亲的些许面子，召集父亲的旧部，东山再起。其中，主要还是靠孙策的个人魅力，像周瑜、鲁肃这样的人才，都是直接或间接冲着孙策而来。而且，孙策生性豁达，善于笼络人，这一点和一般的莽夫比起来更胜一筹。

不过，有时孙策还是难免会手痒，亲自厮杀，过足了玩命的瘾。在和刘繇势力交手时，亲自上阵单挑，生生用胳臂夹死一员敌将，同时又大喝一声，吓死了想从背后偷袭的另一员敌将。为收服太史慈，不惜以堂堂主将之躯，和太史慈单挑，从持械拼命到徒手扭打，终于折服了太史慈。

看来，孙策虽说不像自己父亲那么热衷玩命，但有时会憋不住玩一把心跳。这种品质使得孙策也和孙坚一样，胆子很大。也正是由于胆子大，没有足够警惕，竟然被三名仇家的门客偷袭得手，重伤不治而亡。

和自己父亲一样，孙策靠着玩命开创了事业，但也是玩命葬送了自己的性命。

总结公孙瓒、孙坚、孙策三人的掘金方式，不难看出，三人都是成也玩命、败也玩命。不反对干事业需要全身心投入，但身体是一切事业的前提。如果玩命把自己都玩没了，再大的事业也不过是画饼。

诚然，公孙瓒、孙坚、孙策由于没有条件去侵占，不得不靠自己的勇敢来开创一片天地。可创业之初不得已，玩命也就算了。后来，事业小有所成时，就应该转变思路才是。无奈三人都过分相信自己玩命的能量，公孙瓒在战略上一味单打独斗，孙

如何获得第一桶金？

坚、孙策父子则忽视了自己的基本人身安全。看来，玩命获取的第一桶金，来也匆匆，去也匆匆。

继 承

人们喜欢将那些能继承大家业的人形容为"衔着金汤匙出生的人"，这类人多少还会招致一些嫉妒的眼光。因为他们获取第一桶金的方式看着是那么轻松。他们只需继承，就可以获得自己的第一桶金。

可是，不要以为继承是一件很简单、很容易的事情。公道地讲，能顺利继承的人也不是泛泛之辈。属于这一类的野心家主要有刘璋、公孙渊、曹丕、司马昭、孙权等人。其余靠继承获取第一桶金的也不少，如袁谭、袁尚、刘琮、刘禅等，可是他们并没有野心或者说并没有野心家的素质，因而就不能被列入野心家之列。

根据继承难度来看，刘璋的继承之路相对容易。这说明父亲刘焉基础打得好，再加上蜀中地势险要，在三国初期，大多别的野心家还不具备吞并此地的实力。因此，刘璋的小日子过得还是很滋润的。

需要说明的是，不要为演义所误导，就认为刘璋是个软柿子。根据正史，雄霸汉中的张鲁曾经和刘璋有武装冲突，结果刘璋还杀了张鲁的母亲和弟弟。这说明，具备一点扩张野心的刘璋还是很铁腕的。

公孙渊，继承家业的道路就比刘璋要曲折一些。爷爷公孙度是靠着侵占起家的，父亲公孙康也算子承父业。可是，到了他这里，出了点小插曲。叔叔公孙恭占据家业，而自己的哥哥公孙晃似乎对这个霸道叔叔无可奈何，可公孙渊不干。这个侄子长大后，文武兼备，性格刚烈好斗，居然逼着叔叔又将家业还给自己。从此，公孙渊夺回了原本不太可能属于自己的东西（按照正常的继承顺序，哥哥公孙晃应该在前），成功取得第一桶金。

曹丕，继承父亲的事业基本上没有大波澜。父亲曾经犹豫过是否将家业交给他。但一来由于资深谋士贾诩的劝谏，二来强劲

三国猎头

竞争对手弟弟曹植玩小聪明玩过了火，最终还是由曹丕有惊无险地继承老曹家偌大的家业。

司马昭，虽说没有像曹丕那样亲自登基当皇帝，但能顺利继承父亲司马懿和哥哥司马师传下来的家业，也是经历了不少腥风血雨，还搭上了十二分的艰苦努力。

不要以为司马懿掌握大权后，司马家就平安无事。老曹家的不少忠臣们都或明或暗地下绊子、煽邪风。司马三父子不仅要对付背后的算计，还要替老曹家抵御外敌，尤其是那个最难缠的诸葛亮。上方谷那一回，要不是一场不期而至的大雨，司马一门就全完了。

还有一次，司马昭被姜维困在铁笼山，六千人马几乎断绝水源，若不是援军死命解围，司马昭可能被困死。

司马昭是在经历过不少磨炼之后，才水到渠成地继承家业。

孙权，在这一部分之所以放到最后探讨，就是因为他在继承之路所承受的压力更大、遇到的困难更多。

按照《三国志》记载，孙权接手家业时，能控制的地盘也就是会稽、吴郡、丹阳、豫章、庐陵五处。而在后来居然能以东吴之地与魏、蜀三足鼎立，不能不说孙权这位富二代除了守成，也努力进行二度创业。

小说中有一章回的题目如是说：小霸王怒斩于吉　碧眼儿坐领江东。其中这个"坐"字可真是说得轻巧。孙权哪里是坐领江东，简直是作揖才领得江东。像张昭、周瑜这样的元老，不得不供着；刘表、黄祖这样的世仇，不得不耗着；曹操、袁绍这样的大佬，不得不捧着。这一切，对于一位当时比较年轻的"富二代"来说，极具挑战性。

父亲孙坚，确实有白手起家的魄力；哥哥孙策，也有打拼天下的雄才。可是，如果没有孙权这个"富二代"的优异表现，即使父兄传下再大的家业，恐怕也不会出现三国时期。因为，没有孙权的振作，吴国要么过早地被魏国鲸吞，要么会慢慢地被蜀国蚕食。所以，还是那句话说得中肯："生子当如孙仲谋。"

通过简要分析这几人继承家业的过程，不得不说，想要顺利继承，还是需要一定能力的。而若要再有所发展，那就更需要付出超过常人百倍的艰辛。刘璋确实是"守户之犬"，勉强靠着点遗产过日子。公孙渊属于虎狼之辈，只要泯灭亲情，就具备争夺家业的前提。曹丕算得上"无改于父之道"，也颇有奸诈之气，故而能够在继承候选人中脱颖而出。司马昭属于那种中规中矩的人，战战兢兢，如履薄冰，总算顺利将接力棒交给儿子司马炎。唯有孙权，可谓英雄！看看正史对孙权的盖棺定论吧："孙权屈伸忍辱，任才尚计，有勾践之奇，英人之杰矣。故能自擅江表，成鼎峙之业。"

蛊 惑

有机会侵占的可以侵占，有家业继承的可以继承，而那些出身一般又没有好机会的草根野心家们如何获得第一桶金？蛊惑，是一个不错的选择。

张角，无疑是蛊惑能力最强的一位草根野心家。凭借自我包装出来的法力，加上点妙手回春的医术以及故弄玄虚的符水，竟然发动 36 万人来帮助自己掘金，这位自封的"大贤良师"兼"天公将军"，其实就是一个不第的秀才。但就是这个秀才，起事以后，竟然有四五十万头上裹着黄巾的百姓闻风响应。看来，他的煽动能力首屈一指。

张角和他的黄巾军虽说没有推翻大汉政权，但却吹响了瓜分汉家天下的号角。张角无须成功，英雄顺势登场。

和张角相比，张鲁的煽动能力稍逊一些，但其在组织能力和后续的管理能力上，要胜过张角一些。如果说张角所煽动的人群为乌合之众的话，那么，张鲁所煽动的人群就有点类似现代的传销组织。

张鲁的爷爷张陵只是客居蜀地的普通人，非法出版有关道教的书籍，并借机搞了一个叫"五斗米教"的非法组织，被官方蔑称为"米贼"。父亲张衡子承父业，但还是惨淡经营。到了张鲁这一代，终于有了大发展。

张鲁开创汉中天下的手段，按照政府的说法，是用邪门歪道蛊惑百姓。张鲁自封"君师"，初级信徒称为"鬼卒"，资深信徒称为"祭酒"，各个分支组织的小首领称为"治头大祭酒"。有意思的是，张鲁在组织中大力提倡诚信，宣称如果得病，只要祈祷加自省，就能不治而愈。有点类似今日教徒的忏悔，至于主持祈祷的人，称"奸令祭酒"。

这种理念和张角的路数接近，只是比张角更注重对信徒的后续管理。有意思的是，该组织还搞公益活动，在一间屋子里摆上米和肉，过路人可以根据自己的饭量免费享用，但据说多吃的会受到天谴。再有，该组织还垄断当地的司法权，对于违法之人赦免三次之后，再治罪。

据正史记载，张鲁盘踞汉中30年，治安相当不错。当时的政府索性也懒得去管（也是没有这个能力），还封张鲁为镇民中郎将，领汉宁太守。

张角和张鲁都是靠煽动获得第一桶金，但张角和政府搞对抗，而张鲁却和政府谈合作。二人都想弄成政教合一的小政权，但张角出身落第秀才，不懂宗教；而张鲁由于家学渊源，精通黄老之术、善于援引《道德经》，在控制人的思想方面，远胜张角。所以说，二人虽说掘金手法一致，但结局却迥然不同。一味强调暴力夺权的张角最终失败，而懂得谈判协商的张鲁却得善终。

和张角情况类似的野心家还有自称"阳明皇帝"、以邪术蛊惑百姓的许昌，聚众起事的张纯和张举以及诸多黄巾军的余党们，他们的结局和张角一样，都消亡了。而和张鲁类似的一位野心家张燕，领导近百万人的"黑山黄巾"，由于善于审时度势，也懂得和大汉政府妥协，官封"平难中郎将"，接着，又和公孙瓒合作过，最后主动投奔曹操帮助其打袁绍，被曹操封"安国亭侯"。

张角、许昌、张纯、张举之辈，属于草根野心家中的极左派，而张鲁、张燕算是草根野心家中的偏右派。

蛊惑，可以在短时间内取得神效，但难以持久。后续管理和对形势的准确判断则更为重要。这就是靠蛊惑掘金的野心家们的教训兼经验。

投　机

如果想当野心家，而且还没有什么背景和家业可继承，想学人家去蛊惑但又没有这种能力，该如何下手？投机这种发自人之本性的手段应运而生。为此，挑出四位通过投机方式获得第一桶金的掘金客来简要介绍一下。

根据投机的复杂程度和野心预期的大小，按照由低到高的顺序，先要介绍吕布。

吕布，开始也希望通过自己的勇武来掘金。可是，当吕布发现自己如此勇武也得给丁原打工时，心里很不平衡。在丁原和董卓争着当霸主时，吕布也就充当丁原小弟的角色。可以说，在这个时候，吕布蓄积已久的投机心态到了要爆发的时候。李肃，这个和吕布是老乡关系的蹩脚说客只需用点金银珍珠外加一匹赤兔马，就坚定了吕布投机的决心。

吕布用丁原的人头作为自己入伙董卓集团的投名状，但吕布发现自己还是打手的角色，只是职务上从原来的主簿升职到中郎将，还多了一个都亭侯的头衔。原本吕布也认命，毕竟，在吕布看来，打手也有高低贵贱之分，自己就算是董卓的一条狗，那也是狗头，挺好。可是，新东家董卓脾气暴躁，动辄因为一点小事责骂，甚至有一次还用画戟投掷吕布，多亏吕布身手敏捷，躲了过去。演义上说是因为貂婵，正史里只是说因为董卓自己心情不好所致。

于是，在图谋除掉董卓的王允的结交和鼓噪下，吕布又准备要投机了。经过王允周密的策划，又是李肃拙劣的诱骗，最后是吕布勇猛的出手，董卓丧命。吕布的职位从中郎将升到奋武将军，头衔也变成温侯。此时的吕布不再是小弟，也开始共同参与朝政，打手变成大哥，属于质的改变。

至此，吕布通过投机，终于掘得第一桶金。从此，温侯吕布也成为群雄逐鹿中的一员。后来，由于过分喜欢投机，摇摆在袁术、曹操甚至刘备之间，最终几方面不讨好，在白门楼完成最后的绝唱。临死，吕布还想再投机一次，给曹操当小弟。但曹操在刘备的提醒下，没有给他机会。

孟达，勇武不及吕布，但心眼还是比吕布多一些。开始给刘璋打工时，发现这样下去没什么出路，就伙同法正、张松等人想将西川送给刘备。由于在刘备入川时有迎接之功，就被刘备封为宜都太守。孟达的第一次投机颇有斩获，大小总是有个实缺了。接着，在刘封的协助下，攻打上庸，成功后自己就理所当然地成为上庸的负责人，也算在大军阀统领下的独霸一方的小军阀。孟达的第一桶金落袋为安。

可能是野心膨胀，也可能是和关羽有怨，居然在关羽需要救援时，建议刘封不去救援。孟达的挑拨很致命，说："你就别剃头挑子一头热了，人家关羽可不拿你当回事，你倒还拿人家当叔叔啊？知道吗，要不是那个大红脸作祟，你早就成了蜀汉继承人了！"

就这样，刘封最终被孟达弄得自绝于义父，而孟达又开始投机，跳槽到曹魏那里。幸运的是，能力一般的孟达仪表不错，曹丕就冲着这张脸给孟达加薪升职，除了加封散骑常侍、建武将军两个职位之外，还赐予平阳亭侯的头衔。而且，更重要的是，孟达手里的地盘还牢牢控制在自己手里。

孟达的第二次投机，大获丰收。

俗语说："事不过三。"可孟达在平静了一段时间之后，又开始躁动不安。可能是孟达和曹丕更对脾气，因此就觉得曹丕死后，继位的曹睿不会善待自己。当然，最主要的还是想再来一次大投机，没准儿还想封王甚至君临天下呢。

孟达的计划很简单：以金城、新城、上庸十万之众，突然起事，直捣洛阳。那边诸葛亮同时进军，取长安。

按照这个计划，魏国的确很危险。

可惜，孟达平时并没有做好自己部属的政治思想工作，申耽、申仪这两个副手很忠于魏国。加上碰巧这事被司马懿这样敢于拿主意的人撞上。最终，孟达的这一次投机彻底蚀本，连自己的性命也搭了进去。不过，孟达临死还拉了个垫背的，用箭射死了大将徐晃，给魏国造成不小的损失。

和孟达比起，魏延这个投机型野心家的分寸感把握得要好得多。

魏延本来是刘表的手下，在刘表面前根本就说不上话，只能瞎混日子。这样下去，自然没有出路。魏延一直留心等待机遇，他相信只要投机得当，就可以摆脱"无名小卒"（当时刘表的大将文聘这么称呼他）的羞辱性称呼。

第一次投机是在襄阳城。刘备欲带百姓进城避难，可刘琮由于被蔡瑁、张允把持，也做不了主。这时，魏延第一次投机。他大叫着，想煽动大家杀掉蔡瑁、张允，迎接刘备进城。可由于文聘阻挠，没有成功。魏延见势不妙，只好落荒而逃，投奔长沙而去。

第二次是在长沙，这时的魏延已经属于曹操公司的员工。关羽来夺取地盘，黄忠投桃报李，有意没有用自己独步古今的神箭射死关羽。这下子被上司韩玄定为通敌之罪，要立即斩首。魏延终于抓住机会，振臂一挥，鼓动百余人，杀死韩玄，救下黄忠，献出城池，归顺刘备。虽说被诸葛亮一通"杀威棒"吓唬一通，但总算成功加入刘备阵营。

魏延也是在第二次投机以后，实现了自己成为大将的愿望。对于魏延来说，成为较强势力一方的大将，称得上第一桶金。

同样，魏延在满足很久之后，又想进行第三次投机。他建议诸葛亮，自己率 5000 名精兵出子午谷，奇袭长安。要说这个计划还是很值得冒险的，最大损失也就是 5000 名精兵和一个魏延，可诸葛亮大概是由于自己对魏延的主观看法不佳而给否决了。魏延的第三次投机宣告流产。

憋着一肚子气的魏延又要筹划投机。诸葛亮死后，魏延想自己单干，计划先取汉中，然后攻下西川，自己成为蜀国之主。胃口一下变得很大。

结果，魏延没能逃得过"事不过三"的魔咒，魏延实施了自己的第三次投机，但自己的脑袋被貌似成为追随者实则是卧底者的马岱砍了下来。

钟会，留给我们最多的话题可能是有关于他的一个成语，叫作"二士争功"。我们可以理解为是两位名士争功，但可能该成语中的"二士"指的是人名，邓士载和钟士季，所以叫二士，钟

三国猪头

士季就是钟会。也就是源于二士争功，使得钟会加入野心家俱乐部，而且其野心还不算小。

钟会很有过人之处。从小他就有着高超的口才。《世说新语》记载，钟会小时候，也就 13 岁，随同父亲、大书法家钟繇去拜见当时的皇帝曹丕。比他还大一岁的哥哥钟毓也一起去，哥哥被皇帝的阵势吓得满头大汗，而钟会却泰然自若。皇帝故意问兄弟俩，问他们为何一个出汗，一个却没出汗。钟毓说"战战惶惶，汗出如浆"。如果钟会说自己不害怕就有点不合适，那是藐视皇权。人家钟会巧妙地回答"战战栗栗，汗不敢出"。足见其机智应变的能力，惟其如此，才可能有上佳口才。

这还不算什么，据记载，钟会在 5 岁时就被重臣夸奖，说一看他的眼珠子，就知道不是一般人。估计钟会从小嘴很甜，见人说人话、见鬼说鬼话，而父亲又经常能结交名流，所以钟会从小就颇具人气。

不过，钟会虽说天资聪颖，但比较勤奋。书法上，家学深厚，也有独到造诣，行书、草书、隶书无一不精；韬略上，饱读兵书、精通策略；带兵上，治军严格、管理有方。当参谋时，屡屡能有奇谋，帮助司马家族平定了不少叛乱；做元帅时，军法严整，对于虎将许褚的儿子许仪，一位很勇猛并立过战功的大将，该斩首就军法从事，亦不姑息。尤其是钟会在征伐西蜀最后一仗时，写了篇劝降布告，堪称一绝，有点像后世的劝降传单，很具杀伤力。

在姜维的恭维和煽动下，在丰功伟绩的冲击下，钟会决定放手一搏。不论是按照正史还是演义的说法，钟会在姜维的游说以及帮助下，竟然妄图以西蜀的地盘为基础，直取长安，一统天下。当然，如果真能成功，还真是完成了诸葛亮毕生未了的夙愿。可惜，钟会的组织工作和中下级军官的政工工作做得严重不足，宏图大业止步于蜀国皇宫，一切俱成画饼。

钟会的这次大手笔投机，宣告失败。但是，钟会并不是第一次投机。早在没有手握兵权之前，他就看出司马家的势头，所以一心一意地为司马家出谋划策。可以说，钟会的第一次投机之所以成功就是透过纷繁的政治局势，认准了司马家的实力，从而有

如何获得第一桶金？

49

了手握重兵的机会。而正是对眼力要求甚高的政治投机为钟会掘得第一桶金。

可以说，政治投机是钟会的强项，但军事投机却是钟会的短板。

再说，由于钟会天资过高而少年得志，因此做人不知道低调，过于锋芒毕露。据《晋书》记载，连司马昭的老婆都说钟会"见利忘义，好为事端，宠过必乱，不可大任。"看来，钟会在出席贵胄们的社交仪式时很爱出风头甚至抢风头。有位叫裴楷的名士评价得最绝："如观武库森森，但见矛戟在前。"简直是形神兼备，跃然纸上！

这么多非议，司马昭自然早就听在耳里、看在眼里，在对钟会委以重任时，就留了一手。并且最终成功借助钟会的野心把邓艾也一并除掉，因为，对于主上来说，功劳太大的人臣是无法赏赐的。如果这些功臣不能学范蠡那样，只能接受长眠的"赏赐"。

吕布，属于见利忘义之辈。只需物质上的利诱，就足以诱使其投机。孟达，属于见风使舵之徒，总是喜欢看风向，然后不厌其烦地来回转舵。魏延，属于见异思迁之类。先是看到刘表懦弱，就投曹操；见曹操冷漠，就投刘备；见刘备、诸葛亮故去，就又想自立门户。钟会，则是见贤思齐之人。只是不同的是，钟会所见的这个"贤"，有着与众不同的含义，那就是对一切的控制权。尤其是当自认为学会了司马昭的路数之后，在定军山拜谒完诸葛亮之后，就更加要"思齐"。

投机，是人之本性。但究竟能否运用得当，就属于非常高深的学问了。反正仅仅拥有野心，是远远不够的。

前面六大类的野心家们都陷入"第一桶金怪圈"。那么，何谓"第一桶金怪圈"？简言之，就是依靠第一桶金发家，但以后由于过分依赖第一桶金的发掘方式从而导致栽在这种方式上的现象。

比如，何进就是过于仰仗自己皇后妹妹的关系，从而被宦官诱杀；袁氏兄弟完全依赖关系自然亦是难以做强。

那些依靠侵占发家的野心家到了一定程度就无法再扩大战果，因为该侵占的都被侵占了，总体市场饱和。再说，别的野心

三国猫头

家也不会闲着。

玩命的那几位呢？毕竟玩命有一定的偶然性，十次玩命没事，第十一次出事，那就一切等于零。孙坚、孙策的命运悲剧就是如此。

继承得来的东西毕竟不是自己亲手挣来的，因此那些继承者大都缺乏野心家的手腕和胆略，难以做大。

蛊惑之徒们，迷惑一些普通信众尚可，但优秀人才不会感冒，张角手下，哪有大将？张鲁麾下，全是庸才。

至于那些投机的野心家们，耍一点小聪明还可以，一旦放眼全局，就显得有点底气不足。吕布有勇无谋，孟达朝秦暮楚，魏延巴蛇吞象，钟会异想天开。

究其原因，如前面所说，这些野心家获得第一桶金的方式等同于自己的能力。而如果总是依赖获得第一桶金的方式去经营未来，路子难免越走越窄。当然，出现这种情况，一方面是这些野心家能力的确有限，另一方面就是这些野心家们在认识上的误区和局限。

下面再探讨和这些野心家们有所不同的三位。他们是：董卓、司马懿、诸葛亮。

这三位在以后奋斗阶段所表现的能力和自己获得第一桶金的方式是大不相同的。区别在于：董卓走向负面，而司马懿和诸葛亮走向正面。

性　格

董卓这个西北汉子的家境一般，父亲只是个小官吏。董卓当然没有什么好继承的，因为自己还有一个哥哥和一个弟弟。董卓只能当一个囊中羞涩的游侠，和羌人们打成一片。蹉跎一段时间后，除了结交了几个羌族酋长之外，赤手空拳的董卓迫于生计，只好回到家乡务农为生。

如果不是有些酋长朋友来拜访董卓，这个农夫一辈子也就老死山林。可历史的巧合往往也造就后来的战乱。董卓为招待酋长朋友，居然将家里唯一的耕牛宰杀。

董卓命运的转折点开始出现。由于董卓性格中骨子里的豪爽，酋长们吃饱喝足后，回去竟然送来各种牲畜千余头来酬谢董卓。由此，董卓有了开创自己事业的第一桶金。

此后，又赶上大汉政府急需能人来平定叛乱。董卓除了有能力，还有一定的家产，这官就做得顺风顺水。从军司马、郎中、广武令、蜀郡北部都尉、西域戊己校尉一直做并州刺史、河东太守。

董卓性格中的豪爽此时还没有变化，又一次平定并州胡人叛乱有功，朝廷赏赐9000匹细绢，董卓全都分给手下。

可是，当董卓权倾朝野之后，性格中的豪爽就变成残暴。也许是太纵容自己的西凉兵，竟然放纵他们在洛阳城任意烧杀掳掠，见男人就杀，见女人就抢，至于财物，更是任意抢劫。事后，还把抢来的妇女们都分给士兵们。董卓干脆将国家府库掠为己有，皇宫里的宫女嫔妃甚至公主，都成了董卓发泄兽欲的对象。

这样一来，董卓的行径不仅激怒草民，更惹恼官宦。董卓所表现出超人的占有能力和掘得第一桶金时表现出的那种善于分享的能力真是格格不入。

率性而为的董卓连天都不放在眼里，落个横死的下场实在是罪有应得。正史记载，董卓的残忍、暴虐是自打有文字记载以来创纪录的。

务 实

提起司马懿，给人的印象就是老奸巨猾、心狠手辣。似乎他就是一匹饿狼，靠捕猎别的动物为生。这也许和曹操评价司马懿有"鹰视狼顾"之相有关。

其实，司马懿是靠务实来掘得自己的第一桶金的。正史记载，曹操看中司马懿这个人才，逼着他必须上班，否则扬言要将他下狱。司马懿不得不战战兢兢地先后充当曹操的文学掾、主簿之类的职务。这些职务有点类似现在的行政文员、文秘工作，也就是处理一些公文。可见，曹操还是很欣赏司马懿的能力的。

司马懿就一直勤勤恳恳、小心翼翼地为曹操服务。其间，也有几次可圈可点的出谋划策。比如，在曹操取了汉中、收降张鲁以后，他建议曹操趁刘备立足未稳，一鼓作气，直取西川，以成大业。当时连曹操的当红谋士刘晔都赞同，可曹操大概征战太久感到疲乏，没有采纳司马懿的建议。后来，刘备与曹操、孙权成了鼎足之势的事实估计很让曹操为自己的这次懈怠而遗恨。

还有一次，就是关云长水淹七军、斩庞德、擒于禁、困樊城之时，曹操萌生迁都的打算，司马懿又建议道："于禁本不善水战，即使有失，于大局无妨。现在孙权、刘备两家有隙，关羽得志，孙权必然不乐意。魏王可以派人游说东吴，只管许愿，只要东吴起兵断了关羽的后路，樊城之围自然解除。"这次，曹操采纳司马懿的建议。事情的发展也真如司马懿预测的那样。

司马懿就是这么一步一个脚印，奠定了自己首席谋臣的地位。即使新主子曹丕继位，他还是那么沉稳。趁刘备新丧，给曹丕策划了一个五路合击西蜀的方案。这个方案很有气势，虽说被诸葛亮一一化解，但足见司马懿的谋略水平之高。

最值得称道的是，司马懿在通过务实获得第一桶金之后，曾经一度处在被动状态时，及时转变方式，以一种和务实截然不同的姿态化被动为主动。那就是司马懿务虚的本领。

第一次务虚是因为曹家三世曹睿耳根子软，加上曹真、华歆、王朗一般庸才的妒忌，以及诸葛亮的造谣攻势，被解除一切职务，回到家乡，成了一介平民。司马懿并没有怨天尤人，而是低调地在家乡闲居，等待时机。没多久，由于诸葛亮日渐紧逼，使得曹睿在钟繇的保举下重新起用司马懿。

司马懿再次得到兵权之后，又开始脚踏实地地务实。恰逢孟达反复，司马懿不动声色，敢于决断，打破常规，成功粉碎孟达的阴谋。这次精彩的表现使得曹睿更加信任司马懿，赋予了他临机决断的权限。

司马懿第二次务虚是在曹睿死后，大将军曹爽在谋士们的建议下，在权力上架空司马懿。这次司马懿又开始务虚，包括自己的两个儿子都交出了一切权力。这次，司马懿玩得更绝，有意在曹爽心腹面前装出一副病入膏肓的样子，甚至连汤水都喝不到嘴里。这下子将花花公子曹爽迷惑得只顾打猎，而司马懿则趁着曹爽出城打猎时打着太后的大旗夺回大权，除掉曹爽。

从此，司马家开始把持魏国大权，直到司马懿的孙子司马炎当上晋朝的开国皇帝。

纵观司马懿的奋斗历程，不难看出，司马懿和别的野心家的不同之处就在于识时务。曹操在时，有荀彧、荀攸、程昱、贾诩这样的超一流谋士，司马懿只是干好本职工作，只是在重要时刻才献上一计。曹丕在时，恪尽职守，帮助魏国朝廷做好日常管理工作；曹睿在时，逐步大展拳脚，树立威信；曹芳在时，终于厚积薄发，把持朝政。

凭借务实司马懿获得第一桶金之后，司马懿务虚务实之方法交替使用，可谓虚实相生。在所有野心家里，司马懿的心机数一数二。

炒 作

对于诸葛亮也算作野心家不要惊奇。因为，他在躬耕时，就常以管仲、乐毅自居。由于读书人那种特有的狂傲之气，诸葛亮志在操控天下，当然属于野心家一员。

对于究竟是刘备主动聘请诸葛亮，还是诸葛亮自己投奔刘备，正史和一些杂史的记载有非常大的出入。杂史记载，说诸葛亮是和一大群求职者一起去主动投奔刘备，开始刘备还不拿诸葛亮当回事，直到诸葛亮发表了一些高论后，才另眼看待。还有一些杂史记载，说有人劝诸葛亮投奔孙权，但诸葛亮认为在孙权那里不能大展拳脚而谢绝。总之，两方面都是言之凿凿。

对此，暂时采用正史中所记载的"先帝不以臣卑鄙，猥自枉屈，三顾臣以草庐之中，咨臣以当世之事"的说法。同时，也遵循演义里诸葛亮出山的过程。

如果按照上述材料去分析，诸葛亮的第一桶金完全就通过炒作获取。

首先，诸葛亮自我赞扬的典故早就在新野乃至荆州一带流传开来。在一般人看来，以管仲、乐毅自居简直就是说大话。

其次，水镜先生司马徽动辄爱说："卧龙凤雏，得一可安天下。"这也是诸葛亮借助名流为自己炒作的例证。

再次，博陵崔州平、颍川徐元直和石广元、汝南孟公威等诸葛亮的好友都帮助诸葛亮炒作，大肆推广。

又次，诸葛亮躬耕之地的村民也帮助炒作，在耕田时引吭高歌，演唱诸葛亮原创的诗歌。

最后，有意无意地吊刘备的胃口，刘备第三次专程拜访才得以见到诸葛亮真容。

以上种种，使得刘备坚信诸葛亮就是自己的大救星和转运神。当然，和当代大多炒作者有着本质不同的是，诸葛亮确实有真才实学。否则，在隆中对时，诸葛亮要是说得驴唇不对马嘴，估计刘备会拂袖而去，任凭张飞放火烧房子。

诸葛亮一旦被刘备这位大汉皇叔聘用，立刻开始施展生平所学，踏踏实实地为老刘家做牛做马，鞠躬尽瘁，死而后已。并且，诸葛亮的儿子诸葛瞻、孙子诸葛尚都为了老刘家的事业战死沙场。诸葛亮对老刘家可谓"献了青春献儿孙"。

这么看来，诸葛亮在获得第一桶金后，确实是一改炒作之风，真抓实干，做出了一番大业绩。

获得第一桶金后，没有再靠着原有的掘金方式吃老本，而是恪尽职守为自己东家操劳，在这一点上，司马懿和诸葛亮都做得不错。

借 势

最后还得提到两位最重量级的野心家，那就是在整个三国里真正可以称之为英雄的两位：曹操和刘备。

这二人要说在业务能力上，都是实属一般。而且，二人都还比较喜欢打猎享受，曹操为人还很好色，刘备也强不到哪里，其实是先有刘备在东吴"乐不思荆"，才有儿子刘禅的"乐不思蜀"。根据正史记载，刘备是"喜狗马、音乐、美衣服"，整个就是个二流子做派，而曹操是"任侠放荡，不治行业"，说白了就是只顾玩，不务正业。甚至在《世说新语》里还有记载，说曹操曾经伙同袁绍一起企图非礼别人的新娘子。总之，这二位都是沉湎声色犬马、好逸恶劳的主儿。

性格上，二人都不如董卓那么率性。曹操为人"少机警、有权术"，在《世说新语》和别的杂史里，曹操使诈的记载数见不鲜。而刘备则是"少言语，善下人，喜怒不形于色"。看来，二人都是城府颇深、心机险诈之辈，性格都不够阳光。

可是，这二人都通过借势，获得了自己的第一桶金。

曹操，之前也分别尝试着借助前面所说的不同方式掘金，比如，投奔何进就是想借助关系掘金，刺杀董卓就是想通过玩命来掘金，至于侵占和继承，他倒是想，但开始没这个条件，对于蛊惑这种方式，他还看不上。最后，曹操终于明白要借势才能成功。为了借势，曹操竟然假传圣旨，说奉诏讨贼，到家乡游说不少人财力支持，聚起一帮人马。这可是曹操的第一桶金。这里，曹操所借的势就是打着解决天子困境的幌子。

刘备借势，则具备先天的血统优势。正是有着皇室血统，关羽、张飞包括后来的诸葛亮都不讲条件地加盟、卖命。而刘备正是借助热炒挽救祖宗社稷的概念，获得了两位大商人张世平和苏双物质上的大力支持。有了这笔资财，刘备终于拥有自己的队伍，也就是自己的第一桶金。

可见，在三国时期想成为超一流的掘金客，能力和性格的确要有优势，但一定要会借势，借助天时之势，借助历史潮流之势，借助人心向背之势。这一点，刘备和曹操都做得很好。

当然，在以后的奋斗中，二人也是无所不用其极。刘备常常泪眼滂沱在明处，曹操时时玩弄诈术于股掌。反正，二人都是为了目的不择手段。和前面九类野心家相比，这二位野心家才是野心家之王。

掩卷长思，不由得思接千古、视通万里。三国时期距今已经1800多年。可是，全球政局的演变也好，人类的思维方式也罢，基本上没有大的改变，"分久必合合久必分"的历史规律依旧起

三国猎头

着作用。只是希望在这些规律起作用的同时，生灵尽量少涂炭甚至不涂炭，那才是人类之福，地球之福。衷心希望那些有嗜血狂和暴力倾向以及有超强贪欲的野心家永远定格在历史的长河中，千万不要借尸还魂，来重复历史的轮回。

老曹一家人

曹操董事长在群雄并起、军阀混战的残酷环境下，能在短期内使公司很快由小做大、由弱做强，起事于十八路诸侯之初、搏杀于群雄逐鹿之中，输输赢赢、坎坎坷坷、出生入死、出奇制胜，崛起于人谋、借势于天时，最终与刘备公司、孙权公司一起形成"三足鼎立"之势。而且，在三家之中，实力最强、风头最盛，可谓霸业已成。曹操公司"内举不避亲，外举不避仇"的用人之道值得学习，只要有点能力，都要人尽其才。就是在这样一个偌大的家族，一个庞大的组织，一个个形形色色的子孙后辈纷纷你方唱罢我登场，共同演绎了曹操公司的起起落落。

单说这"内举不避亲"，曹操董事长把自己家族的子弟可是挖掘得很彻底，弟弟、侄子、族中子弟等，都一齐上阵，无疑，曹操公司是家族企业。

虽说是"打虎亲兄弟，上阵父子兵"，但曹操子弟兵之间的差距很大，有的可堪栋梁，有的却差强人意；有的可圈可点，有的却碌碌无为。为什么呢？借用俗语来说，表现好的是"种瓜得瓜，种豆得豆"，曹操确实是英雄，子侄辈涌现出几位人才也是正常，基因遗传。表现差的是"龙生九子，各有不同"，由于给后辈创造了优越外部条件，使其没有磨炼、成长的机会，另外就是基因被改造，基因突变。

三国里出现过不少曹操的宗族子弟，下面简单分类，简要说明。先提醒一点，由于曹操本姓夏侯，所以曹操这一大家子由两个单独而又有亲缘关系的家族构成，分别是曹氏家族和夏侯氏家族。

左膀右臂——曹仁、曹洪

这二人都是曹操的堂弟，也都是最早追随曹操创业的，资格都很老，能力也都属上乘。

早期，规模很小的曹操公司联合其他 17 家公司一起与当时垄断朝野的董卓公司竞争时，中了董卓公司徐荣分公司的埋伏，曹董的坐骑都被弄伤，险些被徐荣分公司的两个基层员工俘虏。幸亏曹洪出现，救了曹董，当更多的敌人追赶时，曹洪把惟一的坐骑让给兄长，还说："世界上曹洪可以破产，但哥哥你不能完蛋！"功劳很大。

后来在和马超公司争夺西北市场时，曹洪又救了曹董一回，那可是拼上性命和实力强过自己很多的马超单挑，苦撑四五十回合，给曹董争取了逃跑的时间。不过这一次只是将功抵过，因为之前曹洪经不起叫骂而在 10 日内把潼关分店让给了马超公司。

曹仁也不差，在和孙权公司的总经理周瑜的对决中，落实曹董的计策，加之周总性急，曹仁竟然使得周总中了埋伏还负伤；再有就是和刘备公司的头号"五虎将"关羽争夺樊城分店的战斗中，咬牙坚持，还指挥手下放毒箭射伤关羽，给孙权公司伺机偷袭荆州分店创造了有利条件。

总之，曹仁、曹洪一直是兢兢业业、任劳任怨，是曹董的得力助手。几乎每次打个埋伏、来个冲锋，都冲在前面，虽说也有给公司造成损失的时候，那都属于能力问题，而不是态度问题。

股肱之臣——夏侯惇、夏侯渊

二人都是曹董的族弟，也属于最早跟着创业的一批元老，业务能力比起曹仁、曹洪要更强一点。

夏侯惇年轻的时候脾气很火暴，14 岁拜师学艺，因为有人辱骂自己老师，竟然把骂人者给杀了。后来在曹操公司立下不少功劳，曹董总是委以重任，在和吕布公司争地盘时，被一个叫曹性的家伙一记冷箭射中自己左眼，可这夏侯惇竟忍住巨痛，拔下

三国猫头

箭，居然一口吞掉了自己随之一起拔下来的眼珠子，可把对方都镇住了。紧接着，一枪把放冷箭的给捅死，何其强悍！

而且，夏侯惇还很清廉，不攒私财，一旦得赏赐，都分给手下。

夏侯渊和曹洪类似，经历大小近百仗，屡立战功，在兼并吕布公司、袁绍公司以及其他小公司的行动中，贡献不小，属于中坚力量。

此人性格也和曹洪一样，非常急躁，经不得叫骂，最后在和刘备公司争夺定军山地盘的过程中，被对手抓住急躁的毛病，一刀砍死。

夏侯惇、夏侯渊二人对于早期曹操公司能够顺利开展业务，起了很大的积极作用。否则，策划师们策划得再完美，没有人去实施，也只是纸上谈兵，至于二人也曾经有过的败绩，多为策划人员错误，多数公司其实都最缺乏忠实、踏实、老实的计划执行者，二夏侯就是这样的人才。

孝子典范——曹昂、曹安民

曹昂大概是曹董最大的儿子，也是最早参与公司事务的第二代家族成员。曹安民是曹董的侄子，也是公司较早的元老。

比起前面四位，他们二人的资历就浅了点，但他们的事迹可以说更可歌可泣一些。

曹董和张绣公司签署完公司并购协议后，本来曹操公司确定吸收宛城分公司加盟，却又节外生枝，曹董竟然对张绣公司的法定代表人张绣的婶婶有了非分之想并付之行动，兔子急了还咬人，何况张绣？

于是，张绣公司趁夜色突然偷袭了毫无准备的曹操公司，结果曹操团队被冲击得只剩曹安民一个跟随曹董，由于曹安民的坐骑没有自己叔叔的坐骑大宛良驹跑得快，就被敌人杀害；而曹昂在过来接应父亲时，发现父亲的坐骑也已报废，就如同曹洪一样，把自己的坐骑让给曹董。这一次，曹董又侥幸逃过劫难，但曹昂却被乱箭射死。

按当时儒家所谓的纲常，曹昂、曹安民为自己的父亲和叔叔捐躯，绝对是天字号大孝子、孝侄，只是后来大魏朝建立后，也没发现对这二人有什么特别的表彰，没追封个什么头衔之类的，着实遗憾。

绣花枕头——夏侯兰、夏侯德

夏侯兰，书中没有太明确交代来历，但能推测属于夏侯家族的二代成员。夏侯兰一上班就被封为副将，随夏侯惇一起去完成抢占刘备所管理的隶属于刘表公司的新野分公司。人家诸葛亮一把火就把大军烧了个七零八落。

要说这种既属于战略上又属于战术上的失误和夏侯兰没太大关系，可自家业务能力太差，加之欠缺实战经验，几个回合，被张飞就给一矛刺死。

夏侯德是夏侯惇的侄子，在曹操公司里任职天荡山店长，没什么特长，还盛气凌人，看不起老人家。就是因为对黄忠、严颜两位老业务尖子轻视，结果被人家偷袭，自己也被严颜一刀砍死。

夏侯兰、夏侯德二人的能力实在有限，但曹董却分派给他们超出自身能力的工作，本意是想让他们迅速提高自己的业务水平，可毕竟"瓦罐不离井上破，将军难免阵前亡"，牺牲是在所难免。

不过，这二人如果平时多注意训练，情况可能就会大不一样，至少能保命，"平时多流汗，战时少流血"。毕竟，人，才是公司的最大财富。

后起之秀——曹休、曹真

这二人都是曹董大家族里的孩子，属曹董的儿子辈。

曹休的业务能力很强，在一次公司内部的射箭对抗赛上，代表曹氏宗族代表队先发出场，一箭射中红心，大大鼓舞了自己这一方的士气，也给曹董争足面子，曹董直夸道："这休儿真是我们家的千里马啊!"

曹休带兵打仗也是一把好手,被委派和曹洪一起与刘备公司争夺川陕市场而和敌将吴兰对峙时,众将又得知刘备公司的骨干张飞扬言要抄曹操公司后路,都有点担心。曹休却力排众议,清醒地分析张飞的目的就是拖延己方攻击吴兰。曹洪采纳建议,结果击溃吴兰后,张飞果然就不再有所行动。

为什么曹洪会听取曹休的意见呢?原来,临行前,曹董就宣布:名义上曹休是参谋,实际上却是主帅。可见,曹董很是看重曹休的谋略,不仅是因为他善于射箭。后来,夏侯惇去世后,就是曹休接手其主要业务。美中不足的是,由于后来急于求成,被孙权公司的诈降计给蒙骗,孙权公司的周鲂只用自己的一把头发就完成大败曹军的计划。为此,曹休也气得发病而亡。

曹真也很厉害,武艺上,年轻的时候曾单独射死老虎,和飞将军李广有一拼;军事上,也曾领兵打仗击败过孙权公司和刘备公司;政治上,常年担任曹操公司的业务总监,管理上很有一套。只是后来被诸葛亮算计加书信侮辱给气得一命呜呼。

曹休、曹真有如此精湛的业务能力,和曹董在他们很小的时候实施良好的教育有关,他们不是曹董的亲生儿子,但待遇和曹董的儿子是一样的,后来还都是曹丕的托孤重臣。可惜二人的情商都太差,不善于控制自己的情绪,承受职场压力的能力太弱,都算是职场"过劳死"。

成事不足——夏侯恩、夏侯懋

夏侯恩,也应该是宗族人士,没什么职务,也就是公司的一个保管,所保管的东西也就一样,那就是曹董的两把绝世宝剑之一的青釭剑。

夏侯恩老老实实地干好本职工作就是,可他却在曹操公司抢占荆州市场的行动中捅了篓子。长坂坡追捕活动中,大概是看同事们抢劫百姓财物很过瘾,自己也手痒,背着曹董加入其中,却偏偏碰上赵子龙。结果可想而知,不但自己发了横财,还把宝剑馈赠赵云。人家赵云就是借助这把宝剑，前前后后干掉曹董的五六十员上将和不计其数的基层员工，看看夏侯恩给公司造成多大的损失！

夏侯楙本来是夏侯渊的儿子，过继给夏侯惇。由于生父是烈士，所以还成了曹董的女婿。可这驸马水平太差劲，又急躁又吝啬，无德无才，还非要挂帅，并口出狂言要活捉诸葛亮。也许是当时曹操公司的接班人曹睿是夏侯驸马的晚辈，竟然答应这个荒唐的请求。结局是：天水分店、南安分店、安定分店奉送给刘备公司，更严重的是，把一位超级人才姜维也送给刘备公司，这姜维后来成为诸葛亮的接班人，同时也是魏国的劲敌。

夏侯楙本人经历过俘虏后，也自觉无颜再回公司，索性跑到大西北落户。诸葛亮还讥笑他和姜维比，是只鸭子，连再度捉拿他的兴趣都没有。

夏侯恩、夏侯楙的成事不足造成的直接后果就是败事有余。一个给敌人送好武器，另一个给敌人送人才和地盘。这二人的行为其实都是特权主义的缩影，一个仗着自己是董事长身边的人而无视纪律；一个自认为老子天下第一而目空一切，正是这种特权主义，导致了真正的人才不能公平竞争上岗，使公司蒙受莫大的损失。

混吃等死——夏侯存、夏侯尚

夏侯存号称曹操公司的骁将，意思是勇猛之将，估计在公司里混了很长时间，可在和刘备公司的精英关羽的对阵中，只一个回合，就被关羽做掉，真不知道这骁将的称号怎么来的。

与之相比，夏侯惇的侄子夏侯尚就是个老油条，比较会混。在定军山战役中，被黄忠轻易活捉，又被用来作为战俘交换，末了还被黄忠射中一箭，倒也没死。夏侯尚后来官运不错，也成了老曹家的女婿。据史载，因为宠爱小老婆而冷落原配，导致曹丕一怒把其小老婆杀了，因为原配是曹家的姑娘。为这，夏侯尚精神恍惚了好一阵。

其实出现夏侯存、夏侯尚这样的人也不稀罕，林子大了，什么鸟都有，曹操的两个大家族人数众多，也就良莠不齐，怎么可能每一个人都是英雄？

中规中矩——曹纯、曹遵

曹纯，曹仁的弟弟，在曹家宗室子弟中属于表现不错的。史载，曹董在兼并袁谭公司的过程中，战斗得很艰难，曹董有点想暂时退兵，曹纯提出了合理化建议，认为既然是远征就要一鼓作气，这个建议坚定了曹董的信心，进而完成这次兼并。

还有，赤壁大败后，曹纯协助曹仁驻守南郡分店，成功遏制了孙权公司的扩张，贯彻执行曹董的计策，还使得周瑜负伤。

曹遵，是曹真的族弟，跟随曹真，忠于职守，后因曹真领导失误和自己业务能力有限，被魏延砍死。

曹纯、曹遵都已经发挥自己的最大能力，为公司做出了应有的贡献，曹遵还因公殉职。曹操公司之所以能做大、做强，和许多这样的合格员工大有关系。

胆小如鼠——夏侯杰、曹熊

夏侯杰可是曹操的近卫军小头目，但其表现可就与自己的名字不大相符。杰，有豪杰的意思，然而张飞在长坂桥上吼了几嗓子，竟然把夏侯杰给活活吓死，肝胆都吓破了，这近卫军头目也真够脓包！

曹熊，按排行，算上曹昂的话，是曹董的第5个儿子，先天体质羸弱，曹董很了解这一点，压根就没考虑委以重任，只希望他平平安安活着。可就是这个希望，最后也没能实现。曹丕当家后，只是刚开始找个小碴儿，曹熊就吓得上吊自杀，这胆识和夏侯杰倒是不相伯仲，其行为和名字还真对号，够熊。

这二位之所以有这样的悲惨结局，也不全是自己的主观意志所能左右的，因为他们在先天身体、心理素质等方面实在不适应当时弱肉强食、你死我活的社会环境，如同体育运动中，非要让相对矮个子的人去打篮球，实属勉为其难。

虎父虎子——曹丕、曹彰

"龙生龙，凤生凤，老鼠生儿会打洞"的话是有一定道理的。曹董的二儿子曹丕和四儿子曹彰都各自继承了父亲的一些优良传统。

曹丕，性格也很狡诈。据记载，有一位叫何晏的学者，他的肤色白皙，脸上像抹了粉一样，曹丕怀疑他抹了粉，但又不好直说。于是，就招呼他过来聊天，时逢酷暑，就故意赏赐何晏吃热腾腾的汤泡饼，想着一流汗，粉就掉了。可直到吃完，满脸流汗，何晏还是一张很白的脸，曹丕这才相信。

还有，当刘备公司和孙权公司因为关羽事件火拼时，曹丕假意告诉孙权说他们两家一起瓜分刘备公司的地盘，怂恿孙权公司全力和刘备公司对抗，其实自己想趁火打劫，先吃掉孙权公司，幸好被当时孙权公司的 CEO 陆逊识破，才没得逞。

曹丕这样的心机，包括曹植在内的其他弟兄自然不能与之比肩，继承人的位置当然非曹丕莫属！

曹操年轻的时候险成了豫让、聂政之流的刺客，差点实施刺杀董卓的行动。曹彰则继承了父亲生猛强悍的一面，勇猛好斗，武艺高强，力大无比，能徒手格杀野兽。在曹操公司和刘备公司争夺汉中地盘时，曹董被对手追得狂奔逃命，幸亏曹彰及时赶来营救，杀退敌人，几个回合把刘备公司的一名中层干部吴兰干掉，大长了曹军士气。

之前，曹彰曾经以区区 5 万兵扫平河北、内蒙古、山西等地方的叛乱，他以汉朝平定匈奴的大将军卫青、霍去病为楷模，论带兵打仗，是一把好手。

更酷的是，曹彰生有一脸金黄色的胡须，又平添几分威武，深得曹董喜爱。当曹董看到刘备的干儿子刘封耀武扬威时，情不自禁地喊道："你这卖日杂土产的小老板的假儿子神气什么？我的黄须儿要是来了，你早就成肉泥了！"得意之情，溢于言表。

当然，曹董还是知道曹彰与曹丕相比，心眼儿就显得不够用，有勇无谋。所以还是决定让曹丕当继承人。

再有，曹丕还继承了父亲会笼络人心的本事，许多元老都向着曹丕说话，尤其是大策划贾诩更是帮了大忙。后来曹彰带着 10 万大军，气势汹汹地要和曹丕争权力时，多亏另外一位大策划贾逵凭借三寸不烂之舌，几句话就忽悠曹彰认错，人马全数交出，麻烦完全摆平。可见，曹丕在人际关系方面，着实玩得好。

据记载，曹丕的一位好朋友、文学家，也是公司的中层干部王粲因病去世后，曹丕带一些同事去坟前祭奠，说道："王粲生前喜欢听驴叫，我们再实现一下他的愿望吧。"说罢，竟带头学起了驴叫，接着，坟前响起了此起彼伏的驴叫声。这哪里是为死人叫，而是给活人叫。政治家作秀的本领，曹丕早就会了。

这兄弟二人一文一武，都属于很争气的宗族子弟。另外，曹丕还是一位诗人及文学家，还有过大部头的学术专著。

不务正业——曹植、曹宇

曹植，曹董的第三个儿子，很有才华，所谓"才高八斗"这个词，就是称赞曹植的才华。意思是全天下的才华如果能量化，曹植一个人就占了 80%，其他所有文化人加一起才占 20%。被诸葛亮刻意曲解而引发周瑜生气的《铜雀台赋》、很浪漫的《洛神赋》都是曹植的手笔，连情急之下吟出的七步诗，至今都脍炙人口。

但是，如果仅凭文才去竞争权力，是远远不够的，过分爱好文学并浸淫其中，在当时的情况下就是不务正业，当时热门和急需的专业是文韬武略，曹植不谙此道，自然会在接班人的竞争中落选。

曹宇，是曹董庶出的一个儿子，被封为燕王，与其他嫡出的儿子们也没什么利益冲突。但自己的侄子曹睿很看重他，在弥留之际想让曹宇当摄政王来辅助自己的儿子，多好的机会，但曹宇却不肯担当，宁愿回自己封地当个没有实权的王。

按说曹宇这种隐士般的与世无争的哲学是挺好的，至少别人不找他的麻烦，但在当时情况下，就太缺乏责任心。试想，如果他当时接过担子，就不会让无能的曹爽来接手，也就不会有后来司马家族完全控股曹操公司的情况，真是：曹宇不杀"伯仁"，"伯仁"却因曹宇而死。

　　要说曹植、曹宇，其实都是绝顶聪明之人，也就是太聪明，所以把尔虞我诈、钩心斗角的事情给看透了，从而厌倦并心累，形成了消极的避世哲学。在和平年代，无伤大雅；但在你死我活的非常时期，就太不合时宜乃至缺乏责任心。

纨绔子弟——曹爽兄弟

　　曹爽，曹真的儿子，就是前面提到被幸运之神垂青而接替曹宇掌管大权的那个曹爽。此人没什么本事，就是爱打猎、喝酒，喜欢奇珍、美女，这样的情趣，自然不是司马懿的对手。

　　要是没有谋略，还就罢了，可以用人啊。可连胆识也没有，就没得救。在一次出城娱乐时，被司马懿端了老窝，本来还可以听从智囊的建议，以手中的兵权号召都城以外的兵力来殊死一搏，胜负还未可知。可这位花花公子思索一夜，最后竟说："得了，当个富翁好了！"随即，引着众兄弟、手下，主动自投罗网，把兵权交给司马懿。

　　遗憾的是，饶是如此，愿望还是没实现，自己和所有兄弟都被心狠手辣的司马懿灭族。曹爽的五个一起垫背的弟弟是曹羲、曹训、曹则、曹彦、曹皑，都是没什么本事的走马斗鸡之徒，全是跟着哥哥混，当个副手或者帮闲尚可，遇上紧急情况就束手无策、没甚主见。

　　当司马懿写信恐吓曹爽时，曹爽没了主意，向弟弟们讨教，只有曹羲开口道："我早都提醒过哥哥了，现在我也没招儿。只是那司马老儿连诸葛亮都不是对手，何况我等？"一句脓包又泄气的话，彻底坚定了曹爽投降主义的信心。

　　古语说"富不过三代"，很有道理。曹爽兄弟正好是曹操董事长的孙子辈，到他们手里大权旁落，正好没过去第三代。毕竟不是一刀一枪打出来的，不知道创业的艰难和守业的责任。如此下场，一半是情理之中，另一半乃咎由自取。

血性男儿——曹髦、夏侯霸

曹髦，曹丕的孙子，也就是曹操的重孙子。由于曹丕的另一个孙子曹芳当公司负责人时得罪了实权派人物司马师而被拿掉，曹髦成了司马师扶植的一个傀儡。原以为傀儡多半是个废物，可这位傀儡却不同，曾经积极地想办法意图除掉当时掌权者司马昭，无奈实力有限而导致计划破产，自己也被杀。

但曹髦很是有种，集结区区300人，明知道必死，但还是一搏，虽然有点螳臂当车，可勇气可嘉，不愧是曹操的后代。

夏侯霸，夏侯渊的儿子，曾经跟随过司马懿参加过与刘备公司的竞争，武艺也不错，业务能力上乘。但当得知司马懿抢了曹家大权、害死曹爽兄弟后，果断投奔刘备公司，为了自己家族的利益，可以去做一切能做的事情，包括和自己的杀父仇家合作，着实是司马家族的一个对手。

不难看出，曹髦、夏侯霸具备男人的血性，纵然曹髦勇敢得接近愚蠢，夏侯霸如此不择手段来寻求帮助，他们还是值得夸奖的。因为，他们的血统决定他们除了和对手抗争，别无他法。为家族牺牲，是他们的宿命。可叹，可叹！

懦弱之徒——曹芳、曹奂

曹芳，曹操的重孙子，继承父亲曹睿的位置。开始由于年幼，权力先是被曹爽、司马懿共同掌握，后曹爽在自己智囊的提醒下，把司马懿暂时排挤走，最后又被司马懿独揽大权。

没多久，司马懿去世后，长子司马师更是大权在握，连对名义领导表面上的尊敬都没了，逼得曹芳像被自己祖爷爷逼迫的汉献帝一样，也伴随着自己的哭哭啼啼写了血诏。

可惜，曹芳比汉献帝的运气更差，拿血诏的人刚出门，就被司马师逮个正着。结果司马师大肆搞起法西斯统治，直至把牵连进去的曹芳的妻子绞杀，即使当皇帝的曹芳给司马师跪下都不行。之后，司马师就宣布罢免这个名义上的最高领导，另选其他的傀儡来代替，曹芳哭着被赶出都城。

曹奂，原名叫曹璜，是前面提到的曹宇的儿子，即曹操的一个孙子。曹奂是司马师死后，弟弟司马昭当权后扶植的一个傀儡，在位期间，纯粹就是聋子的耳朵——摆设。司马昭死后司马炎接手大权，曹奂作为名义最高领导竟哭着跪在地上听命于司马炎的安排。

终于，曹操公司在完全取代大汉公司45年后，在曹奂的最后一任名义董事长被拿下后，北魏公司重组为大晋公司，司马炎任第一任董事长。

曹芳、曹奂有如此的命运，就个人来讲，不用负什么责任，因为积重难返，司马家族掌权不是一天两天了，势力之大，光靠着光杆皇帝改变不了什么。

只是这二位的性格太懦弱，为了保全自己的性命，哭哭啼啼，还给别人下跪，何其懦弱！当然，以现在的价值观来说，是不必要作无谓的牺牲。但就当时的标准以及他们的身份，献身是惟一的选择，惟其如此，也只是给叛逆者制造一点麻烦，保全一点儿家族的尊严罢了。

将门虎子——夏侯霸、夏侯威、夏侯惠、夏侯和

四位夏侯都是夏侯渊的儿子，前面已经提到过夏侯霸。这四人都是司马懿看重的，业务好，能力强，四人也都曾跟着司马懿为曹操公司立过不少功劳。

夏侯霸后因司马懿的夺权事件投奔刘备公司后，特别提醒当时刘备公司的 CEO 姜维要注意曹操公司的两个新秀，一个叫邓艾，另一个叫钟会，可姜总没太当回事，事实证明，后来就是这两个人兵分两路完全吞并刘备公司。可见，夏侯霸还具备几分曹操董事长的识人之术的。

四位夏侯都是受家庭环境熏陶，再加上自己的认真努力，至少都能担当部门经理的职务，其中夏侯霸也许会更有发展。但由

于后来还能掌握实权的曹家领导没能创造一个公平、公正、公开的人才竞争聘用机制，都被埋没，而且，除了夏侯霸敢于反抗司马家的篡位，其他几个兄弟没见什么动静，或许都已经麻木。

平庸之辈——曹睿、夏侯玄

刚说完后来的曹家领导人对于人才的忽视而导致大权旁落，那么究竟从谁手里开始的呢？就是曹睿，他是曹丕的儿子、曹操的孙子。他刚即位时，由于中了诸葛亮的反间计加几个搬弄是非之人的挑拨，再恰巧有一点误会，生生把司马懿的兵权给剥夺了，使得诸葛亮乘机抢占不少地盘。待回过来神儿，赶紧又请司马懿出山，又碰巧司马懿自作主张平定孟达的叛乱，曹睿一高兴，就给了司马懿独断专行的权力，为曹操公司的倒闭埋下了祸根。

要说有诸葛亮这样难对付的对头，委以司马懿大权也没错，可当诸葛亮升天后，就应该限制司马懿的权力。当皇帝连"狡兔死，走狗烹；飞鸟尽，良弓藏；敌国灭，谋臣亡"的道理都不懂，连功高盖主的情形都不考虑，那就是皇家幼儿园都没毕业，不导致江山换主，才怪！

姑且为曹睿谋划一下：第一，当得知诸葛亮病故后，应立即收回司马懿的临机专断的权力；第二，至少派两位亲族或可靠的人和司马懿一起掌握兵权，或派监军或成立一个军事委员会，不能一个人说了算；第三，把司马懿的两个儿子暂时调到边远地区，明说是去历练一番，实际就是发配，还要派人密切监视；第四，在自己快不行时，一定多安排几个不同派系的人辅助幼主，互相牵制，免得某派势力过强；第五，可以考虑让子女与司马家族联姻；等等。这样，可保证一段时间的稳定，权力也好平稳过渡，不至于那么快就大权旁落。

夏侯玄，是前面提到的属于混吃等死型人物中夏侯尚的儿子，还是曹爽的表兄弟。这位夏侯的理论水平很高，善于高谈阔论，加上自身关系，混得还行，曾一度掌握曹操公司西北全部军队的权力。司马懿在夺权后，最忌惮此人拥兵反抗。可惜夏侯玄脑袋进水，被司马懿一个使者就骗回都城，以致军权落到了司马家的心腹手里。他的叔叔夏侯霸再有能耐，可只有3000人马，盐不咸、醋不酸的，成不了大气候。

后来，夏侯玄和几个书生参与推翻司马师的行动，前面说到曹芳写血诏的事被发现，而当时负责传达诏书的就有夏侯玄，真是秀才造反，一事无成。这样的事情得提一万个小心，他们却是放开大哭一场，再去传递情报，就冲着哭得红肿的眼睛，也会被人盯上。

曹睿、夏侯玄由于没有百战艰难的创业经历，对于爷爷辈的曹操那套"宁可我负天下人，莫要天下人负我"的实用主义哲学根本没有什么感觉。只凭着感觉做事，人云亦云，墨守成规，实在是曹操公司灭亡的主要责任人。

曹操董事长开始创业时，跟随他的家族成员何止成百上千，后来公司越做越大，投靠的亲戚与日俱增。也就是曹董这样的用人天才，能把自己的子弟和团队里的其他成员平衡得最佳、统筹得最好、配置得最优、发挥得最强，最大限度开发人力资源的潜能，这一切都是曹董的天才加锻炼，反思及领悟，经验与教训，甚至运气和感觉等几方面糅合在一起，在残酷的斗争实践中、在复杂的因素作用下逐渐形成的。

当曹董撒手人寰后，谁能接班？其实两大家族里都没有合适的人选，如果后代能萧规曹随，抑或能多延续几代，也未可知。但在三国时期，一个培养和成就野心家的时代，萧规曹随是不现实的。人亡政息是当时也是随后很长一段时间的铁律。

成功人士的用人之道

成功人士，大抵是指在商业上很成功的商人。而企业如果真想做大，善于用人是一个无法回避的必要条件。大到国家，小到公司，都必须善于用人，才能立于不败之地，因为，未来竞争的核心就是人才的竞争。

所以，一家公司的 CEO 年薪近千万元时，无须惊奇；大学毕业生就业时可以接受千余元的工资时，莫要奇怪。这些都是用人单位所定的工资标准，都是合乎需求—供给原则的。

其实，善于用人的成功人士不仅是在现代，而且在三国时期就有很多位。本文选取其中比较成功的两位，来简要探讨二者在用人上的差异。这两位成功人士分别是刘备和曹操。

说是差异，其实二者还是有共同点的，那就是都求贤若渴，都表示尊重人才。这些其实只是用人的目的性，如同几乎所有的公司用人是为了盈利一样，是一种本能，刘备和曹操两位董事长兼首席执行官也具备这种本能。而本文要说的是二者在用人的操作性上的差异。分为四个时期：

草创期

刘备在公司草创时走的是"出门靠朋友"的路线。

在涿郡，刘备以一声带有作秀性质的叹息引起公司的第一个合伙人张飞的兴趣。二人坐定，在商务午餐还没吃完时，刘备适时抛出自己的商业企划书，张飞很是赞同。紧接着，刘备说出缺乏原始启动资金的困难，张飞就表示愿意拿出家当来作风险投资。恰巧，邻桌上一位仪表非凡准备加入军界的小工商业者又被刘备拉拢过来成为又一个合伙人，他就是关羽。三人为众，加上张飞的风险投资，公司开张。

第一阶段刘备公司先招聘了大约500名基层员工，但又面临着缺乏马匹和盔甲、武器等装备的问题。刘备又和正好为躲避强盗而路过此地的贸易商人张世平、苏双热情地交朋友、谈理想。结果，50匹好马，1000斤上等铁，若干金银成了朋友之间的正常馈赠。刘备公司可以开始对外拓展业务。

有如下推理：首先，刘备有可能早已经把涿郡里有实力并有意愿进行风险投资的人家摸了个清楚。张飞和刘备的偶遇极有可能是刘备的安排。其次，贸易商人张世平、苏双原本是要把马贩卖到别的地方，因为对当时的治安状况不乐观才碰巧路过张飞的庄上，也就是刘备公司的临时开办地。刘备以极好的口才使得二位商人甘愿馈赠，不排除刘备有语言上的暗示和威胁，二商人也是走南闯北之人，看着关、张二位的红脸和黑脸外加刘备的白脸以及500名壮汉，明白钱财和性命的价值差别，自然选择破财免灾。可以说，刘备公司的原始资金有些打劫之嫌，只不过刘备面子活儿做得到位。

曹操公司的创建与之不太一样，走的是"在家靠父母"的路线。

曹操侥幸躲过董卓颁发的全国A级通缉令而逃回家后，反思自己给何进公司打工和当过政府官员的经历后，认为自己开公司会更有出路。

于是，曹操就在自己老家，发动自己的所有亲戚来组建队伍。别忘了，曹操可是有两大门亲戚，一门是曹家，还有一门是夏侯家。散尽家族和乡党们的家财，换来上万基层员工，还有不少中层干部，比如曹仁、曹洪、夏侯惇、夏侯渊，这几位都是曹操的亲戚。一个叫卫弘的人随后投了一大笔资金，此人虽和曹操没有血缘关系，但是曹操的老乡加发小，从小光屁股玩到大，比亲戚还亲。曹操公司以比较高的起点开张营业。

曹操在游说卫弘时，也像刘备游说张飞一样，靠着所提供的商业企划书打动卫弘。可见，曹董事长的演讲功力不逊色于刘董事长。另外，当时的大环境确实容易让人有在和平时代所不具备的野心，因此曹操公司在人力资源方面不用发愁；而恶劣的治安状况又使得很多原本不喜欢加入曹操公司这样企业的基层人员纷纷投靠过来。

有意思的是，刘董事长和曹董事长在公司发展的初期都不自觉的互相学习对方的路子，真是神交，怪不得人们常说"英雄所见略同"。

刘董事长认为仅仅靠朋友关系来维系公司治理，不大可靠，因为朋友总有吵架甚至翻脸的时候。于是，他采取类似日本企业的用人制度之一：家长制。对张飞煽情，让其提出三人结拜为异性兄弟，刘备以年龄大的事实毫无争议地当上大哥，可是准血缘上的大哥。各人在公司中地位的尊卑秩序更加稳定。刘董事长无意中照搬了一下曹董事长的特点，真是有亲戚条件的要利用亲戚关系，没亲戚条件的创造亲戚条件也要利用。

还有一点很关键，刘备自称自己乃中山靖王之后，那可是皇族的血统。关、张二人当然巴不得结拜。

曹操呢？在以家族为基础后，广泛传播自己的招股说明书，也就是假冒皇帝的诏书，说是讨伐董卓，这可是伪造政府高级文件的行为。可假的有时候还真管用，不少有识之士络绎不绝地前来捧场，有钱的出钱，有力的出力。像中层干部李典、乐进都是看了招股说明书而来的。曹董事长也很看重"出门靠朋友"，但与刘董事长纯属雷同，绝无抄袭、剽窃知识产权的想法。

发展期

刘备一段时间内信奉低成本经营，班子追求小而精，受资本规模的限制，只好给其他大公司，比如公孙瓒公司、袁绍公司等当协办厂，但没有什么大业务。惨淡经营一段时期后，雇员的人数虽然有所增长，但规模不大。简雍、孙乾、糜竺成为刘备公司的行政人员，关平、刘封、周仓、糜芳应聘低级干部。

值得一提的是，一位精英加盟，此人就是赵云。他是刘董事长以感情的力量从公孙瓒公司挖墙脚而得来的。其实，赵云本来也是从袁绍公司跳槽到公孙瓒公司的。可见，职场精英赵云，其实是一位跳槽爱好者。

而刘董事长还是很青睐血缘，为了千方百计地让自己和属下搭上亲戚。他采取了如下措施：糜竺、糜芳兄弟本来和自己非亲非故，那就娶他们的妹妹当第二个老婆，这样二员工就成了自己的舅哥。

刘封原来姓寇，家里即使有妹妹，也太年轻，再娶做老婆就不现实，怎么办呢？容易，刘董事长认寇封当干儿子，其名字自然就是刘封，父子亲情在当时和君臣伦理的效力接近。其间，刘封的干二叔关羽可能是对自己的另一个干侄子阿斗更偏爱，发表点不同意见，就成了以后自断生路的诱因，此是后话，以后再说。

关平嘛，条件和刘封差不多，可再认个干儿子就有重复之嫌。反正他原来也姓关，就给自己二弟当干儿子，和当自己的干儿子有几乎一样的效果嘛。

至于周仓，纯粹就是一个拎包儿的，二弟还是足以能控制得住的，不用操心；简雍和孙乾本来也是小知识分子，充其量也就能起草、收发一些公文，不必太看重。

惟独赵云，得认真对待，刘董事长让赵云成了继关、张二人之后的第三位合伙人，称呼上也是自己的弟弟。加之关、张二人也和赵云有同样的爱好，所以，刘备公司的核心领导层相对稳定。

总之，在公司的发展期内，刘备用人的方针可以用四个字概括：宁缺毋滥。像曾经短期加入过刘备公司的别的人才，比如陈登，此人的业务素质很高，曹操公司和吕布公司都对其挺重视，陈登不为所动，只想在刘备公司发展，本来对刘备公司来说，陈登是首席策划的最佳人选，可惜刘备也许总觉得他太聪明，不如简雍、孙乾之流好领导，一直不给其升职、加薪不说，竟然在关键的徐州业务中让张飞领导陈登，典型的外行领导内行。使得公司的业务大幅度萎缩，以至于连个办公的地方都没有，又重新回到游商的阶层。

与之形成鲜明对比的是曹董事长，他在发展期用人的方针是：海纳百川。在和鲍信公司合伙承揽了国家的"青州治安大工程"后，曹操公司又得到 30 多万基层劳动力，连家属共有百万人。随着公司规模的迅速扩大，曹董不仅自己把相当的精力投入人事工作，还鼓励、号召属下互相举荐人才，在公司里形成重视人才、发现人才、尊重人才的良好风气，非常可贵。仅公司在兖州做业务时，荀彧、荀攸两位高级策划人员主动加盟。这二位是亲叔侄俩，其中叔叔荀彧有在袁绍公司工作的经验，这在以后对曹操公司的帮助不可估量。

接着，在荀彧的引荐下，曹董亲自邀请，另一大策划程昱也被曹操公司延揽。

再有，程昱又为曹操公司推荐一位超级企划专家郭嘉，这位郭策划为曹操公司占据整个中国北方市场立了大功，直至过劳死。

郭策划又给曹董保举一位智囊兼工程师刘晔，此人有皇族血脉，乃东汉政府第一任总负责人刘秀的嫡系子孙。刘工程师后来主持技术攻关，他为曹操公司开发出新式工作机械——霹雳车，这车借助机械原理能发射上百斤重的巨石，在当时属于顶尖产品。

刘晔还为曹操公司物色两位中规中矩的中层干部，一位是满宠，另一位乃吕虔；这二位也很快融入了曹操公司重视人才的氛围里，一起发掘出一位叫毛玠的中层干部。

紧随中层干部于禁毛遂自荐，夏侯惇又为公司发现了一位业务骨干典韦，这位的条件和赵云一样，同属于职场精英，身体素质一流，能追着猛虎满山跑。典韦还有闯劲、有担当，为朋友报仇而杀人后，就提着仇人的脑袋大街上招摇过市，这种行为在现在是必须绳之以法的，但当时是社会秩序混乱，无法可依。

对于曾经和自己交手过的人才，曹董也能做到既往不咎，求才若渴。比如，许褚在以极其嚣张的态度阻碍曹操公司的业务时，曹操得知这许褚能和典韦抗衡，就不计成本地把许褚收服，为己所用。

再有，和曹操公司抗衡的杨奉公司有一名业务骨干徐晃，曾让曹董寝食不安。曹董靠关系托关系，由前面提到的中规中矩的

成功人士的用人之道

干部满宠出马，竟然让徐晃主动跳槽到曹操公司。

吕布公司还有一位精英张辽，没少给曹操公司制造麻烦。当吕布公司破产清算时，还对曹董这位资产接收人出言不逊甚至辱骂，但曹董还是将其折服，为自己所用。

而对于吕布公司的另一骨干陈宫，曹董原本也想留用，并不计较其早期的撂挑子行为，无奈陈宫就是不愿意加盟，只好作罢。

至于吕布公司其他的一些中层干部，例如侯成、魏续、宋宪一干人，都一概录用。

还有一个小公司张绣公司，有一位超级策划总监，叫贾诩。此人几次给本公司策划，让曹操公司吃了大亏，精英典韦、曹董的儿子曹昂、曹董的侄子曹安民、曹董的坐驾大宛马，皆拜这位策划总监所赐，因公殉职。然而曹董还是能将其网罗过来，后来贾总监在帮助确立曹操公司接班人的问题上，起了大作用。

综上所述，曹董在用人上面有着过人的气度，可谓钻石级伯乐。

刘备、曹操二人在各自公司发展期用人方针的差异，决定了各自公司可持续发展力的不同。

刘备公司当已经意识到人才问题是公司发展的瓶颈时，不是积极地检讨自己的方针，而是把希望寄托在一两位天才身上。

当刘备公司如同吉普赛人一般流浪到新野后，刘董把希望一度寄托在一位叫徐庶的自由职业者兼杀人通缉犯身上。此人也的确很有水平，使得刘备公司做了几单收益一般但很长人气的买卖，可好景不长，徐庶又被曹操公司的猎头势力以假冒家书的办法挖走。

于是，刘董有点病急乱投医，一度想把无业人员司马徽当作策划总监，此人也有一定能力，可性格上开创了"好好"先生之先河的人，怎能管理公司？

还好，他给刘董推荐了两位天才级的人物：一位是卧龙先生诸葛亮；再一位是凤雏先生庞士元。好好先生信誓旦旦：这二位只要得到一位，公司做成托拉斯不成问题！刘备董事长当然开始狂热地寻找二位天才，其间，也遇上不少智囊型的人才，有崔州平、石广元、孟公威、诸葛均、黄承彦等，可惜刘董不是热情不够，就是虚情假意，都失之交臂。

不过，刘董运气不错，加之比较注意炒作自己的贵族血统，以贵族之身份，多次亲自上门邀请一位农民知识分子，正好挠了诸葛亮高傲的痒痒。天才总经理诸葛亮，到刘备公司应聘，而且还签订为期一辈子的劳动合同。在这位新上任总经理的锐意进取下，刘备公司接连成功举办了"博望坡篝火活动"、"新野城烧烤活动"、"白河险滩漂流活动"，效果很好，让刘备公司出了不少风头。

有意思的是，在刘董刚得到诸葛总经理时，竟然完全甩手，闲得编起帽子来。而合伙人关羽、张飞还想排挤新人，幸亏诸葛经理有两把刷子，二人没得逞。

后来，刘备公司借助孙权公司的帮助，圆满举办"赤壁红火嘉年华活动"，从曹操公司那里抢占不少原属于刘表公司的地盘。

此后，公司总部搬迁至荆州，分店也多了，急缺店长，就不得不多招聘一些人。骨干力量如黄忠、魏延等；策划人员如马良、马谡、伊籍等；中层干部如金旋、刘度、赵范等；投机者巩志纷纷加盟。这几位新员工从数量上说，不算多；从质量上讲，马良、黄忠、魏延还可以，其他的要么是墙头草，要么是混工资的，何足道也。

因此，对待马良，刘董还是不够亲近，只是让其做个向导，以后拨给二弟关羽当个师爷罢了，不予重用。

对魏延呢？先是诸葛总经理给其来个下马威，理由有点"莫须有"，说魏延的脑袋上有块另类的骨头，会导致其以后出卖公司，有点"无厘头"。

刘董可能对马良和刘度都不太信任，把马良的弟弟马谡、刘度的儿子刘贤都刻意留在身边，有当人质的意思。由于刘董认为亲情牌是"放之四海而皆准"的道理，因此，"宁缺毋滥"的方针短时间内不动摇。

曹操公司呢？当然还是坚定不移地执行"海纳百川"的方针。

兼并完吕布公司和驱逐刘备公司后，坚决地把袁绍公司全盘并购，得到不少人才。比如，业务骨干张郃、高览，行政人员兼叛徒许攸。

本来，曹董还想招揽策划人员沮授，无奈人家不吃里扒外，没有成功。而另外一位策划人员辛毗填补了曹董的遗憾。

还有中层干部吕旷、吕翔、焦触、张南、马延、张颢、崔琰、王修、王琰、田畴等人，更加壮大了曹操公司的势力。

还有一位名叫张燕的人带领了十几万人的流窜犯团伙也来加盟曹操公司。

就这样，曹董的气度还是丝毫不减，一位名叫陈琳的文员曾经写大字报辱骂过他及祖宗三代，曹董还是看重其文才，把他招聘到自己公司。

在并购刘表公司的过程中，蒯越、王粲等文员，品德差劲但精通曹操公司急需的水上作业技术的蔡瑁、张允等店长，很顺利地带着28万基层雇员、7000艘船、不计其数的钱粮，归顺曹董。

接着，曹操公司开始抢占马腾公司和韩遂公司的地盘。在前面提到的那位贾总监的策划下，加上全体员工的努力，行动大获全胜，原韩遂公司的中层干部杨秋、侯选加入曹操公司，而韩遂董事长虽说被马超董事长弄成残疾人，曹董以优厚的待遇安置。此时，杨阜、韦康两位店长也加盟曹操公司。

至此，三足鼎立的局面彻底稳定，刘备公司和曹操公司下一步的发展将会怎么样呢？

成熟期

刘备公司自从在荆州市场站稳后，公司业务开始进入黄金时代，先是通过情报战，获悉刘璋公司有意邀请别的公司参与重组，就处心积虑地等待时机，其实诸葛总经理早对刘璋公司有想法。

当得知刘璋公司的外联部负责人张松被曹操侮辱而回西川将要路过刘备公司的地盘时，全公司上下一起表演了一场感人的好戏。第三合伙人赵云亲自当第一道迎宾司仪，带500名礼仪人员在本公司地盘边界迎接，接风酒都是跪式服务；然后到下榻的宾馆，第二合伙人关羽亲自带100多人在门口列队欢迎，赵云、关羽再一同陪酒；最后，次日早上，两个重量级的合伙人、600多名员工簇拥着贵客张松到公司总部，还没到，董事长刘备率总经理诸葛亮、第一副总经理庞统，就是凤雏先生、若干随从在路上隆重迎接。

这一下子可把一个身材矮小、仪表不佳，又刚挨过曹操棒打的张松感动了、震撼了、吸引了。

随后的日程里，天天宴会，日日笙歌，活动安排得极为丰富，陪客的级别、规格也高，张松被折服，在长亭相送时，刘备董事长又流出了令人感动的泪水，张松终于决定要当刘备公司的员工，见面礼就是一份极其珍贵的地图，可是超白金级情报。

在张松的指点和另外两位刘璋公司的员工法正、孟达的策应下，刘备公司以凤雏先生殉职的代价完全兼并刘璋公司。吴兰、吴懿、雷同、卓膺、霍峻等人成了又一批公司的中层干部，原刘璋公司的老员工严颜投降刘备公司，成了继续取西川大向导。

投机者张翼，小策划人员彭永言、黄权、费观、李恢，业务能手李严，文员秦宓等共计60多名班组长级别的员工，都被刘备公司接收。

还有一个不小的利好就是，马超公司的老总马超和骨干马岱也被说服而加入刘备公司。

要说公司规模扩大了，对于用人应该是本着公平、公开、公正的原则，可刘董却还在执行着"用人惟亲"的标准。

公司总部在成都落户后，对原来荆州公司的人大多安排好位置，其中重点照顾的自然都是和自己相对亲近的员工。

在最亲近的核心层下面，像老资格的孙乾、简雍、糜竺、糜芳等属于第一亲近的徐州帮；关平、刘封、周仓、廖化等属于第二亲近的流浪帮；马良、马谡、伊籍、吴班等属于第三亲近的老荆州帮；黄忠、魏延、向朗、金旋等属于第四亲近的新荆州帮；下来就是荆、襄等一拨部门小头目；再有才是上面提到的60多位原刘璋公司的员工，他们属于益州帮；最惨的要属马超、马岱，都是职场精英级的人才，却并没有真正受到重用。

而且，这兄弟俩的待遇还真是后娘养的，先是合伙人关羽要给马超吃一顿"杀威棒",幸亏诸葛总经理很舒服地拍了拍关羽的马屁,才作罢;至于马岱,直到刘董去世后,才被起用。

不难发现,刘董还采用了当代日本公司的另一用人制度——年功序列制,实质上就是按资排辈,能力次之,也难怪精英马超过早病死,估计是抑郁症。

如果刘董能按照能力和人才们各自拥有的资源优势来使用,公司的业务肯定会更有发展。就还拿马超来说,如果重用他,让他去重点开发中国西北特别是西凉市场,可谓人尽其用。马超的祖母就是羌族人,而且父亲马腾在羌人中很有威望,马超本人更是有很多羌人"粉丝",号曰"神威天将军"。可惜,马超在加盟刘备公司后,只是坐办公室,可能是刘董担心如果马超全权经营西北市场后再自立门户,所以只是让他领取一份干薪。

总之,据正史记载,刘备公司总部定在成都后,荆襄的职员多大受重用,而四川的职员待遇次之。而其他有心加盟的,刘董就有点"用人前,不用人后"。可以猜想,假如张松先生没有过早殉职,刘董以后也不会重用他,一来张松容貌丑陋,二来说话不讨领导欢心,最重要的是,你张松能出卖刘璋公司的机密,也难保以后不出卖本公司的情报。

所以说,在公司成熟期,刘备执行的就是"用人惟亲"的标准。这个标准险些让刘董和"凤雏先生"庞统失之交臂。事情是这样的:刘备公司在荆州站稳后,庞统在孙权公司正好不得重用,就由鲁肃和诸葛亮各写推荐信到刘备公司应聘,刘董明明知道"凤雏"大名,可一见着本人,却态度冷淡,只是让庞统去管理一个很小很小的耒阳分店。原来庞统没有向刘备出示推荐信,刘董也可能是觉得自己成暴发户了,对人才有点供大于求,等等原因,导致如此情况。

幸好庞统先生会利用工作时酗酒的事件炒作自己,否则真得就一直默默无闻。刘董在发现庞统的能力后,庞统才把诸葛亮的推荐信拿出来,让刘董不住地发感慨,可刘董似乎没有反思到什么。

前面说过,好好先生司马徽曾断定:卧龙、凤雏二位得到一个,就可以把公司做成托拉斯级。事实上,刘备公司最后还是没

三国猫头

有成托拉斯，难道是好好先生说错了？非也。好好先生说得一点不错。因为这话是好好先生冲着刘备的用人才能而说的，注意，是得到二位中任何一个，如果两个都得到，情况就会有变化。记得拿破仑说过：一群由绵羊领导的狮子会被一群由狮子领导的绵羊打败。

还有，在用人上处理不当的话，一加一会小于二，甚至等于零，再甚至是负数。读一读《三国》，可以发现，庞统就是有点嫉妒诸葛亮太有风头，所以也要出风头，以致急于扩大业务而殉职。刘董对两位"骨灰"级的智囊尚且如此，更何况别人？

赵云曾经说过刘董不爱听的逆耳忠言，刘董竟然让他去管总务。因为赵云的话涉及刚刚殉职的关羽、张飞二合伙人，与这二位相比，你赵云当然就不够"亲"。想当初，刘董在公孙瓒公司流浪时，和赵云只是一别，就满眼泪花流，让人感慨。

说到关羽的殉职，不得不把前面提及的关羽自断后路的伏笔挑明，因为关羽曾经反对过刘备认刘封当干儿子，以致干叔侄关系很一般，可刘董却派刘封经营上庸分公司，而上庸分公司紧邻关羽经营的荆州分公司，当关羽这边需要刘封救场时，却被记恨的刘封拒绝，从而有了"走麦城"事件。

如果好好先生司马徽为曹操当猎头的话，一定会对曹操说：卧龙、凤雏二人得一，可以把公司做成托拉斯级；二人都得，可以更快地把公司做成托拉斯级。因为曹操董事长不同于刘备董事长，曹董是手下人才越多，越运用得当。下面，就拿曹董在铜雀台举办的一次公司内部 Party 来解释一下。

事情是这样的：为了庆贺铜雀台的落成，曹董搞了一次大 Party，其中一项活动就是让手下的一线人员比试射箭业务。为了提高游戏的竞争性，曹董让家族成员出身的参加者穿红衣服，而让非家族出身的穿绿色，员工如能射中靶心，就赏一件高档衣服；如射不中，罚酒一杯。

比赛开始后，一位叫曹休的红衣员工先出手，连射三箭，都中靶心，曹董夸奖完该员工后，正欲颁奖，一位叫文聘的绿衣员工也不甘示弱，射中了靶心，同样要求奖品。这时，又一位叫曹洪的红衣员工也是一箭中的，而另一绿衣员工张郃不但射中了靶心，还玩了花样。接着，红衣员工夏侯渊一箭竟然射中前面几箭的中心，属于靶心的中心，更精确。但"强中更有强中手"，又一绿衣员工徐晃的射术更精，不去射靶心，却把系奖品的柳条给射断了，理所当然地自行取走了那件高档衣服。一位叫许褚的绿衣员工却动手要抢奖品，员工们为了荣誉都已经开始撕打，曹董连忙制止，宣布每位参与员工各奖赏一件同样的高档衣服，游戏以喜剧收尾。大家继续干杯喝酒，其乐融融。

上面那场面要放在刘备公司，奖品估计肯定是张飞的，因为：第一，张飞的射术一流；第二，像赵云、黄忠、马超等射术也很厉害的不敢和刘董的弟弟抢，公司可是盛行"用人惟亲"的潜规则。

而在曹操公司，参与比赛的红衣员工中，曹休是曹操的本家侄子，曹洪是曹操的堂弟，夏侯渊是曹操的族弟，这三位都是董事长亲戚；而绿衣员工中，文聘是原刘表公司的，张郃是原袁绍公司的，徐晃是原杨奉公司的，这三位按刘备公司的待遇标准，可是后娘养的。但在曹操公司里，和曹董亲戚一样，都是亲娘养的。而且，后来曹董重逢一位业务骨干，原来是马超公司的骨干，后又投靠张鲁公司，最后力战曹董的四大骨干张郃、夏侯渊、徐晃、许褚而无退意，此人叫庞德。对于曾经先后在两家其他公司给自己带来麻烦的庞德，曹董还是以宏大的气度将其网罗。

所以，可以确定，曹操公司的用人标准是"用人惟才"。就是只要有能力，而且本人有为公司出力的主观意愿，曹董就大胆起用，不计较过去的恩怨，一视同仁，也绝不事后"揪辫子"和"打棒子"。刘备公司在用人方面的差距就是这样被拉开的。

衰退期

所谓"月盈则亏，水满则溢"，任何公司，只要有生，就必然有灭。刘备公司在和孙权公司的一次大竞争中失败，导致了一蹶不振，人才凋零。黄忠骨干殉职，傅彤、冯习、张南三位优秀中层干部也为了保护董事长而牺牲，公司的 75 万基层员工损失惨重。

刘董自知将不久于人世，他为自己的公司是怎样打算的呢？至少在用人方面，他留传下一套传统，可用三个字概括，那就是：讲人情。当然首先还是讲亲情，诸葛总经理原本和继任董事长刘禅没有血缘关系，可刘备用老一套，让刘禅拜诸葛总经理为相父，而且连其他两个儿子刘理、刘永都得以父亲礼节对待诸葛总经理。

接着，又单独试探诸葛亮，声称可把公司所有权交给他，唬得诸葛亮浑身发抖、手足无措、全身出汗、哭拜于地，最后叩头叩出血，刘备才放心一半。为何说是一半？因为紧接着，刘备又交代赵云一番话，大意就是让其为刘禅保驾护航，也就是防着诸葛总经理篡位。这传统一直传到刘备公司注销为止，继诸葛总经理之后的姜维总经理也是鞠躬尽瘁，死而后已。

后来，诸葛总经理的儿子和孙子也在刘禅的恳求下，一起为公司勇猛殉职。看看这"讲人情"的传统多有威力，要么有俗话说"蜀中无大将，廖化作先锋"，诸葛总经理为了贯彻蜀国人才提拔的潜规则——人情，只好在极其缺乏中层干部的情况下，惨淡经营了好长时间。

还有，关羽的儿子关兴、关索，孙子关彝，张飞的儿子张苞，都为人情牺牲。

与刘备还是不同的是，曹操去世后留下的用人传统是"按规矩"。什么规矩呢？可以理解为能者上、庸者下以及按照一定的传统规矩办事。

就说选择继承人这件事，曹操在犹豫是选曹丕还是选曹植时而询问贾诩策划的意见时，贾策划很巧妙地提醒曹操不要重蹈刘表和袁绍的覆辙，因为那二位全是不按当时选择长子的规矩而导致内乱的典型，所以曹操特别注意"按规矩"。

当曹操去世后，另一个儿子曹彰企图带兵问罪时，又一位叫贾逵的大策划以一番君臣之礼、孝悌之义的慷慨之辞，说服曹彰交接权力，服从领导，这又是一宗按规矩办事的典范。

后来是曹真，也是家族成员，应是曹董的堂侄，有能力上，司马懿有能力也上，虽说曹真的儿子曹爽曾经当过一阵总经理，但很快就又因为能力不够而被司马懿夺回位置。

问题是,曹操董事长太忽略人情,所以当司马家族拥有的公司股份足够多时,曹操的公司就换招牌,由原来的魏换成后来的晋,一切也"按规矩"了。

为天下计,晋取代魏是好事情,战乱可以尽早结束,但出于公司角度,在遗留的用人传统方面,曹操就不如刘备。虽说曹操曾经说过,司马懿走路左顾右盼像狼,目光凶狠像鹰,不可交给权力,但这话不能拗过自己遗留下的"按规矩"的用人传统。

同样刘备也曾说过,马谡言过其实,不能重用,但诸葛亮还是碍于"讲人情"的传统,在街亭争夺战中起用马谡,导致公司市场严重萎缩。

刘备、曹操,在用人方面,都有独到之处,也各有各自的得失。

三国好声音

群雄割据的三国时期，延揽人才是各位野心家的头等大事。

任何时期的人才市场，都是鱼目混珠，良莠不齐。各位老板为了发现并招聘自己心仪的人才，可谓煞费苦心。而有志于和自己满意的老板共举大事的求职者，也是无所不用其极，用各种办法来引起目标老板的注意。多数有能力的求职者是以武艺或智谋为敲门砖。可是，武艺这门特长不是在生死时刻很难显示出真正实力，而智谋这种能力也不是每次在短时间内都能收到立竿见影的效果，对于老板来说，通过武艺和智谋遴选人才，不具备很强的操作性。

因此，不少老板都比较接受朋友推荐、老员工推荐新员工这样的方式。这样一来，推荐者就成了担保人，如果被推荐者出了什么大问题，老板们还能去找后账。当然，这只是老板们的一种心理安慰。只要是摊上大事儿，估计也没有能力去找后账。

可是，对于那些没有保人而又自认为有能力想要施展的求职者来说，推荐之路不通，只有用一些别的什么手段来推出自己。于是，展示一下自己的歌喉就是一个不错的选择。看来，三国时期也可以用音乐和歌声来表达自己的心声，展示自己的能力。所以，笔者特意挖掘出几位"三国好声音"的顶级歌手，向读者展示一下那个时期人们的音乐情怀。

在介绍几位有特色的选手之前，为尽量和"某某好声音"保持一致，很荣幸地向大家介绍几位导师。

第一位导师是周瑜周公瑾。凭借"曲有误，周郎顾"的歌谣，周导师在乐坛奠定了带头大哥的地位。试想，如果哪位艺人胆敢不配合，周导师一句评语就可以使之声名狼藉。当然，如果周导师高兴，一句评语亦可以使之一夜成名。周导师就是乐坛一霸，谁不服气，可以走开。

第二位导师当推杜夔杜公良。此人的地位可算得上最高音乐学院的学术权威，在大汉政府担任过负责音乐的官员。而且，杜导师在搜集失传音乐、培养后备人才、改良各种乐器、音乐理论研究等诸多方面，造诣颇深。因此，"三国好声音"里如果没有杜导师参与，那势必是一场不圆满的盛会。

第三位导师当属曹植曹子建。曹导师是三国乐坛的资深高产词作者，对于音律自然是个中好手。他的代表作《洛神赋》、《迷迭香赋》、《骷髅说》可谓前不见古人后不见来者。可以这么说，一个不会吟唱曹导师作词的歌曲的歌手，是一个极不成功的歌手。

第四位导师专门请来了祢衡祢正平。此公乃三国时期知名音乐评论人，曾经辛辣地批评过郭嘉、程昱、荀彧、荀攸等半吊子音乐人的差劲表现。而且，祢导师本人也是一名出色的鼓手，代表作《渔阳三挝》广为流传。还有，祢导师在作词方面也有建树，《鹦鹉赋》的水准亦属上乘。值得一提的是，祢导师还精于行为艺术，曾经用裸奔的方式向曹老板提出过抗议，名噪一时。

可以说，"三国好声音"的四位导师都是重量级的。能将这四位导师聚在一起，对于选出真正的"好声音"至关重要。唯有超豪华的导师阵容才能发现并培养出超豪华的"好声音"选手。

有鉴于整个"三国好声音"的赛事之冗长、选手之众多，以下选取几位有个性的选手分别介绍：

自我推销型——徐庶

这位选手身份背景比较复杂，据娱乐消息爆料，徐庶卷入了一起杀人案！可是，由于证据不足，有关部门无法确认。而且，徐庶报名参赛时，用的是另外一个名字——单福。对于为什么用别的名字报名，徐庶是这样向记者解释的："在音乐界打拼，谁又能不起一个艺名呢？"当记者追问"单福"一名有什么艺术性时，徐庶一瞪眼，叫道："有没有搞错？这么简单的问题还要纠结？正所谓'福无双至祸不单行'，我这'单福'就是寓意只要'福无双至'摒弃'祸不单行'。"

徐庶引吭高歌一首自己的原创歌曲。歌词写得很有吸引力，大概意思如下：

> 天塌喽，地陷喽，大火也烧起来喽！
> 摩天大厦快倒了，一根木头想支撑呀，实在够呛！
> 深山里有位人才啊，想找伯乐，
> 只见伯乐瞎忙活啊，表面装样！

这歌词先是危言耸听，然后再自抬身价，最后语出惊人，对急于造"星"的、规模还很小的刘备公司，实在具备很强的忽悠力度。

也难怪刘董一眼就相中，徐庶是有真本领的。可以说，真正善于展示自己的人士，多半具备真功夫。所谓"光说不练假把势，光练不说傻把势，能说能练才是真把式"，这条规则，基本上是放之四海而皆准，较之古今都合适。

听完这位选手的演唱，周导师老成持重地喝了一口茶，说道："嗯，比前面的那些只知道瞎嚷嚷的所谓'原生态'歌手们强得多。该选手舞台感觉很好，很有主宰舞台的欲望。而且，在舞台上有着足够的自信。嗓音条件也不错，但唱得有点拘谨，在发声技巧上还有待提高。至于我收不收他嘛，还要看看其他导师的意见。"说完这些，周导师潇洒地向其他导师做了个请的姿势，同时，还不忘冲评审台下的一些女粉丝放放电。

杜导师接着说道："从专业的角度看，该选手似乎没有经过专业化培训。你们看，他的音质虽说天生不错，但对于乐理的领悟实在不敢恭维。尤其是在唱高音时，竟然有三次和伴奏的乐器差了四分之一拍左右。所以，我暂时不会招收他。"

曹导师表示有不同意见，说道："杜导师不要总是以专业人士的标准来要求草根阶层的选手。我认为，他的歌词写得还是很不错的，虽说有一点说唱的感觉，但总体意境已经达到一种艺术的境界。"

祢导师双眼一翻，打断道："什么叫'虽说有一点说唱的感觉'？难道曹导师认为说唱艺术就那么下里巴人？要知道，您的许多大作可都是说唱艺人们给大大推广的。"

曹导师礼貌地微笑一下，答道："哦，祢导师，我无意冒犯说唱艺术家，我只是在剖析该选手的风格。如果您对该选手还有更到位的点评，也请等我表完态再说，好吗？"

祢导师依旧是翻着眼睛，说道："不劳您大驾，这位选手，我收下了。"

简直太戏剧性了！祢衡导师一向收徒严格，今日居然抢着收学生，看来这种行为又可以理解为一种行为艺术，一种支持说唱艺术的行为艺术。

唯我独尊型——石韬

此人的名字叫"韬"，大家可能不大熟悉，可要说他的字，大家应该都知道他了。

他叫石广元，是诸葛亮的好朋友，他是以"石广元"这个名字报名参加比赛的。这样的名字徐庶也有，叫徐元直，当然诸葛亮也有，叫诸葛孔明。

石韬是和另一位选手组成一个二人组合来参赛的，他俩先后各自独唱了一首皆为自家原创的歌曲。书中本来没有明确谁先唱，谁后唱，不过根据书中交代，在演唱开始时，石韬坐的是上座，而一般来说是上座的选手先唱。所以，可以认定石韬唱的是前面那首，大意如下：

我，看似平庸的我。
之所以没有轰轰烈烈的业绩，是因为没有机遇的垂青。
看！一位来自东海的叫姜子牙的老龄人士，

就是因为遇上了周文王，

就领导八百诸侯，吞并大商天下，

那场面，贼过瘾。

战士的鲜血漂起了棒槌，

姜子牙的行头真叫酷毙！

还有一位来自河北的老酒鬼书生，叫郦食其。

瞧人家那才叫第一大忽悠，

一席话，让那从不尊敬读书人的刘三儿洗耳恭听。

又一席话，忽悠得当时齐国君主把七十二座城池拱手相送。

天下还有谁比他们更炫？

有！那就是看似平庸的我！

在我看来，他们的表现平平，正好供我来评头论足而已！

瞧瞧，这口气！大家明白了什么叫"癞蛤蟆打哈欠——口气不小"的意思了吧？但俗话说"有非常之言，必有非常之行"，刘董应该试用一下。

可刘董一来是因为不太相信石选手有那么强；二来也许学问有限，没听明白歌词说的是谁，因为在原词里没有直接提及姜子牙和郦食其的名字，得有一定学问才能知晓；三来可能是当时刘董就是一门心思找卧龙，对其他选手不感冒。反正，石韬石广元并没有被刘备公司相中。

周导师听完演唱，打了个哈欠，说："我个人认为吧，该选手节奏感很好，建议向 rap 方面发展。而且，舞台风格上有点霸道，应该明白'做人要低调'的道理，希望下次有上佳表现。"这是明显表示不会收这个学生。

祢导师说道："该选手空有鲲鹏之志，实则眼高手低；过分看重口才，完全忽略实力。不足取。"

杜导师表态："嗓子也还不错，但无奈发声方法不佳。嗯，好像还有点五音不全，我无法教授这样的学生。"

曹导师没有表态。

石韬由于没有导师接收，惨遭淘汰。

指点江山型——孟建

和石韬一样，孟建在三国里出现的名字也是他的字，叫孟公威，就是和石广元一起出场，后演唱的那位歌手。他的原创作品中的歌词有指点江山、激扬文字的气概，大意如下：

我们的皇帝，拿着一把宝剑，就荡平天下。
他创立了四百多年的基业。
到了最后，由于继任者的无能而导致乱臣贼子有了野心。
各种怪现象接踵而来，
盗贼们伺机拉山头，
奸雄们正好唱主角。
我，自由地长啸、无奈地拍手，除了在鸡毛小店里喝闷酒，
又能做什么呢？
只要自己好好的，又何必名垂千古！

这歌词的含义对于刘董来说，大有深意。刘董有汉朝皇家的血统，按宗谱也属汉高祖刘三儿的子孙，孟建这样表达，有提醒、鼓励刘董的意思，又有为刘董家族逝去的辉煌而惋惜、不平的意思。

可以推测，孟建有加入刘备公司的意愿。可刘董可能是理解歪了，别人一说到自己祖先的风光，就敏感地认为是在取笑自己，反正不爱听，再加上急于寻找卧龙的原因，孟建孟公威也没有与刘备公司签约。

听着这位选手唱歌，周导师有点不耐烦，很不客气地说："该选手虽说很有音乐天赋，但没有结合自身实际情况，就盲目上台，从而没有形成自己鲜明的风格。切记，表演方面要力求避免'假、大、空'。"说着说着，周团长又开始历数当今音乐界的很多丑恶现象，足足又谈了半个时辰，直到其他导师和观众包括选手们都眼皮打架，才意犹未尽地停下来。

其余三位导师，都三缄其口。

孟建和石韬的结局一样。

鱼目混珠型——诸葛均

诸葛均，诸葛亮的三弟，其才华可能是没有展示的机会，所以没见有什么亮点。据史载，他沾着二哥诸葛亮的关系，在刘备公司当了一名普通文员，职务是"长水校尉"，不算什么大官，也可能是诸葛亮怕别人说闲话，因此不给自己弟弟机会，所以说，即使诸葛均有一定才华和能力，也休想在二哥手下大有作为。

之所以定为鱼目混珠型，是因为他的一首独唱，竟然让刘董误以为他就是诸葛亮，而不是肯定他的能力。不过，从歌词的风格看，似乎是诸葛亮的作品，歌词大意如下：

> 凤凰飞翔在两三千米的高空啊，非梧桐不栖息；
> 人才隐居于不为人知的地方啊，非名主不报效；
> 快乐地在田地里耕耘啊，我爱我家；
> 弹弹琴来看看书啊，等待机遇来到。

这首短小而精练、意味深长的歌曲，把个刘董唬得直把诸葛均当诸葛亮来对待，当诸葛均说明情况后，刘董又一次遗憾地说："怎么还不是卧龙啊？"只这一句很挫伤人积极性的话，就注定刘备公司暂时和诸葛均无缘合作。

周导师正在和一位女粉丝热烈地聊着，突然得知又该他点评，才仓促说道："该选手自身条件很好，只是音乐人还是要以原创为主，不要翻唱疑似别人的歌曲。建议该选手到专业音乐院校进修，或许能有所成就。当然，一定要去正经音乐院校，千万不要去什么考前培训班、强化班之类的地方。"

放下话筒后，周导师继续和那位粉丝探讨，弄得诸葛均有点尴尬。

曹导师开口："我认为这位选手还是要再多读点书。如果想要在艺术的道路上走得更远，就要具备各方面知识。所以，送你一句话：'读书破万卷，唱歌才更炫。'让我们自勉，谢谢。"

杜导师说道："这位选手，我建议你主修民族唱法，不要在通俗唱法上浪费精力和时间了。记住我的忠告。我先收下你，以后能否晋级，看你的表现。"

诸葛均非常激动，一个劲地向杜导师鞠躬，观众们也是报以热烈的祝贺掌声。周导师和曹导师则同时向杜导师投去鄙夷的目光，但很不明显。

祢导师最后发言，说："故作清高，矫揉造作；若不醒悟，自取其祸。"由于观众掌声的干扰，诸葛均应该是没听清。但他还是客气地说道："多谢老师的金石之言。"

太公钓鱼型——诸葛亮

选手诸葛亮的成功经历了三个阶段：第一阶段属于造势阶段。资深猎头司马徽先是不遗余力地吹捧，诸葛亮也自称有管仲、乐毅的才能，加上前面提到的毛遂自荐的选手徐庶也隆重推介诸葛亮，上述三个步骤给诸葛亮造出不小的声势。

第二阶段属于迂回阶段，犹抱琵琶半遮面，千呼万唤始出来，让大汉皇叔三顾茅庐，可谓伯乐寻找千里马。而且诸葛亮还把自己原创的歌曲让周边农民演唱，先让刘董耳目一新，歌词大意如下：

> 苍天像个圆盖子，大地如同棋一局。
> 大家非要辨黑白，来来往往争荣辱。
> 得荣耀的自乐呵，受侮辱的忙碌碌。
> 南阳有位隐居者，总是睡觉睡不足。

听这歌词的意思，好像卧龙先生对天下大势了如指掌，当然事实上诸葛亮也确实如此。可经农民们一传播，比之其他深山老林的隐士，就更有被用人单位知晓的可能。这和姜太公故意用直钩钓鱼进而借助周边群众的口头传播而引来周文王的自我推销流程是类似的。

第三阶段属于答辩阶段。诸葛孔明在让未来老板等着自己午间休息后，刚睁开眼睛，又说唱了一首诗，才艺展示了一番，这诗比较有知名度，就不翻译了，原诗如下：

> 大梦谁先觉，平生我自知。
> 草堂春睡足，窗外日迟迟。

看来诸葛先生几乎算定一切，就知道以后自己忙活起来，觉不够睡，所以就提前睡个够。也知道刘备董事长在等着，故意说天下很少有人明白形势，而我诸葛亮就是明白的一个。又自我推销一回。刘董已经被折服三分。

然后更换演出服，亮相：身长 8 尺（1.75～1.80 米）、面如冠玉（就是脸色很白皙）、头戴纶巾（过去知识分子戴的玩意）、身披鹤氅（当时很有品位的一种大风衣，儒生、道士常穿），这两件行头把诸葛亮打扮得很有仙风道骨。刘董开始被折服五分。

开始答辩，就用了那篇名垂千古的《隆中对》，就是把当时各位老板的实力、条件以及大环境都分析得很透彻，还有一套相应的解决办法。这下，刘董被折服十分。

在伯乐满眼泪花流的恳求下，诸葛亮和刘备公司成功签约。

周导师显然被这位选手的仪表和表现所吸引，眼睛一亮，似乎也有了精神头。原本有点疲倦的他也变得神采奕奕，兴致勃勃地说道："该选手虽说不够谦虚，但音乐原创力很好。原创，不仅仅是音乐的生命力，更是所有文化业的生命力。而且，该选手背后一定有团队啊。你们看看人家的外形包装、人家的前期造势，等等，这些方面都很老道，不亚于专业唱片公司的水准。看到该选手的精彩表现，我就想起了我刚出道时的样子。唉，往事不堪回首。这个选手我很想留下，不知道别的导师有什么想法？"

杜导师也被吸引了，说道："这位选手说唱的歌词虽说短小，但很有韵味。短短 20 个字，就展示出其过人的底气和吐字归音的训练有素。还有，该选手居然能用不同声部诠释不同的句子，实在是好苗子！我也有意培养他。"

曹导师则说："该选手的歌词看似简单，但颇有深意。如果

三国好声音

能和他煮酒论诗，实乃人生一大乐事。我也想收下他。"

祢导师迫不及待地接过话头，说："我能听出这小子骨子里有种狂妄劲。原本我不想收他，但看到你们三个都要收他当学生，那我也凑个热闹，和你们抢上一抢。"

诸葛亮选手创造出"三国好声音"的纪录，四位导师竟然不约而同地想收他当学生。为此，多家娱乐报纸纷纷出动狗仔，将诸葛亮居住的地方恨不能挖个底朝天，最后得出结论：诸葛亮居住的隆中水土超级清新。此后，有志于在音乐乃至艺术方面一夜成名的人士，争先恐后地跑到诸葛亮居住的地方，几乎挖完诸葛亮家房前屋后所有的土。害得诸葛亮的岳父哭天抢地，大呼大叫，说明年没有青菜吃了。

此后，又经过复活赛、盲听、淘汰赛等多场较量，诸葛亮果然高居榜首。"三国好声音"的冠军诞生。

在"三国好声音"的颁奖典礼上，赞助商曹操不顾自己老板的身份，即兴演唱，为"三国好声音"活动画上一个完美的句号。

吞食天地型——曹操

曹操身为大公司老板，不仅业务精通、武艺高强、善于用人，还读过不少书，也有不少文学作品，和自己的两个儿子以及其他7位文人开创了中国文学史上的"建安文学"，属于成功的"儒商"。

曹操这次的表演类似歌剧，演员阵容很庞大，估计参加者得有上万人。曹操亲自担纲领唱，唱得是自己原创的一首《短歌行》，由于这首《短歌行》非常脍炙人口，比如"对酒当歌，人生几何？""何以解忧，惟有杜康。"等句，就不再抄录。只是这歌词里有两处共八句是摘录古书的，算是一点不足。

但总体来说，这首作品以周公自比，确有吞食天地之气势。曹操的行头极其豪华，光是伴舞的几百人都身穿锦绣，曹董手里还拿着一个大道具，一只礼仪用途为主的武器——槊。演出场面也很宏大，领唱，和声，分声部演唱，伴随着鼓乐、美酒还有歌功颂德的朗诵声、欢笑声。

　　周导师完全为这种阵势所折服，不由自主地站了起来，连话筒都不要了，用他那独特的、富有磁性的男中音激动地说道："曹总气度非凡、共鸣腔超级棒。舞美、道具、演员阵容十分豪华，尽显音乐之恢宏，歌剧之壮丽。融中国古典诗词于西洋歌剧之中，博采东西文化之长，又兼深谙'文化搭台，实力唱戏'的道理，可谓真正第一好声音。不过，也不是说绝对完美。该选手在演唱安排上，稍有不足。主唱的咏叹调过多，而宣叙调过少。这就使得过多的高潮反而导致不应有的冷场。朋友们，大家平时一定要多欣赏各种流派的音乐，才能提高自己的鉴赏力。尤其是有志于成为明星的朋友们，更不能浮躁，而要循序渐进、日积月累……"

　　周导师又讲了多长时间，不得而知。只是知道当时要不是主持人一再恳求，周导师根本就没有打住的意思。

　　至于曹导师，更是激动，但却一言不发。经娱乐报道才知道，原来曹老板就是曹导师的父亲，儿子当然不好评价父亲。

　　杜导师只是惋惜地说道："都挺好，都挺好！只是可惜，伴奏队伍中打击乐方阵的编钟组里的第四口钟的铸造工艺稍微差了那么点火候。要不然，可就真正完美了！"这种耳力，简直是活神仙。

　　祢导师却说道："千穿万穿，马屁不穿；几个臭钱，纯粹瞎玩；老朽学究，也来发酸；阿瞒小儿，与我何干？"说完，祢导师悄悄走到一位名叫刘馥的媒体评审跟前，附耳说了一阵。

　　刘馥拿起话筒，大声说道："曹老板，不对啊！"

　　曹操一愣，随即问道："怎么不对？"

　　刘馥说道："听曹老板的歌里，有'月明星稀，乌鹊南飞；绕树三匝，无枝可依'之句。这句歌词包含很不吉利的意思。没准以后我们大家都要破产而居无定所，所以是'绕树三匝，无枝可依'。"

　　曹操大怒，叫道："你这是不要命了！"说罢，手中的槊飞了出来，直直穿透刘馥的前胸。

　　事后，这个事件被定性为工作事故，责任人是负责搭建舞台的工人。

祢导师心里暗自嘀咕："好玄！要不是刘馥替我说出口，那被扎死的就会是我。不过，唉，虽说没有被扎死，可不能再对老曹过一把嘴瘾，也憋得难受。"

"三国好声音"大幕落下。不难看出，不管是选手型的歌手，还是老板级的票友，高歌一曲、吟唱几声，都是有着共同的目的，那就是炒作自己。徐庶如果不以一首歌打开局面，刘董怕也不会注意他；诸葛亮不是有人宣传，也不会有三顾茅庐；曹操组织表演活动虽说有自己兴之所至的成分，但主要还是为了壮大自己团队的声势，宣传自己的品牌，打造个人崇拜。至于石韬石广元、孟建孟公威、诸葛均，他们也通过"三国好声音"这个舞台展示了自己的个性。

总之，炒作自己没有什么过错。只是当今，一些浮躁之人士，太注重所谓炒作，而忽视内功，要知道，上述六位演唱者不论哪一个都是有两把刷子的主，光是炒作，肯定也行不通。如同炒菜得多少有点油，否则，就会干锅。

谁有我能说

三国时期，除了战场上真刀真枪的搏杀、庙堂中深谋远虑的筹算，还有一种斗争就是口舌之争。兵法上说"上兵伐谋"，说的就是妙算，而"其次伐交"说的则是利用外交手段来达到目的，至于战场上的搏杀，就属于更次之的"其次伐兵"和"其下攻城"。

外交能否成功，很大程度上取决于外交人员的口才。在三国时期，不仅有国与国之间的外交，还有不同势力范围之间的外交，甚至是人与人之间的外交。总之，三国时期的外交就是为了让被游说的对象按照自己的意志行事。这一点，和现今流行的一个词有点类似。这个词就是忽悠。

忽悠一词，属于方言，大概有两种解释：一种是说某物被风吹得飘忽不定，譬如风中的旗子；另一种解释是描述闪闪烁烁、若隐若现的光，例如灯光。

所谓的"大忽悠"的最终目的不是为了欺骗，而是运用口才来说服某人或某组织改变原有主意以利于自己或己方组织的行为，这和有些纯粹损人不利己的欺骗行为是有本质区别的。

可以这么说，欺骗、愚弄等行为有时就是为了损害别人，不一定要利己；而"大忽悠"们一定是利己主义者，他们的行为有时不太损害别人甚至也能同时给别人带来点利益。总之，利己是"大忽悠"们的出发点。

如果按上述定义"大忽悠"，那么战国时期的张仪、苏秦，秦末汉初的郦食其、陆贾等人都是"大忽悠"。到了三国乱世时，也出了不少"大忽悠"，这些"大忽悠"们的表现都可圈可点，为了便于说明，下面按照他们"忽悠"的力度、难度、程度等综合因素来一个TOP10，即十佳评星排名：

第十名：李肃　忽悠指数：半星

李肃，董卓公司的一名中层干部，职务是虎贲中郎将。

主要事迹有二：一是说服吕布从丁原公司跳槽到董卓公司，并谋杀原来的老板丁原；二是诱骗董卓董事长中了王允布好的圈套而最终被干掉。

按说这两件事不算太小，为什么把李肃排第十名呢？因为他"忽悠"的难度不高。先说第一件，那吕布本来就是一名地道的凡夫俗子，主要是董卓董事长的超级大礼包起了决定性作用，包里有千两黄金、10颗大珍珠、一条玉带，还有一匹绝世好马——赤兔马。而李肃在这件事上也就是借助和吕布的老乡关系当个传话的，顶多是个董卓的吹鼓手，没起太大作用。大抵只要不是口吃，就能完成说服吕布的任务。

第二件难度也不大，因为董卓本来就想取代皇帝，李肃一煽乎，顺理成章罢了。稍微让人佩服李肃的事就是董卓在快要上王允的圈套时，出现好几次不吉利的预兆或现象包括马车突然出故障、天气突变、神秘道人以及奇怪儿歌等。这一切让迷信的董卓有些顾虑，他李肃却能脸不红心不跳地牵强附会成大吉大利，最终让董卓完蛋。正是凭借这一点，李肃的忽悠指数勉强达到半颗星级别。

第九名：陈珪、陈登父子　忽悠指数：一星

陈珪、陈登父子都是徐州人士，陈登是陶谦公司的中层干部，后帮助过刘备。

之所以把父子二人算一个名额，是因为他们是一起忽悠吕布，当然主要还是陈登干的。还是在徐州市场，先是驻扎徐州的吕布公司本欲和驻扎淮南的袁术公司结为亲家，真那样的话，对同样驻扎徐州的刘备公司可大为不利。陈珪大概是因为儿子帮助

三国猎头

刘备之故，偶然获悉消息后，就跑到吕布面前一通忽悠，竟然让吕布改主意，立即中止结亲活动不说，还彻底和袁术公司绝交。

后来吕布埋怨陈登没给自己要官而想杀陈登时，陈登也是一番说辞，忽悠得吕布转怒为喜，态度一百八十度大转弯。然后在曹操公司、刘备公司合伙吞并吕布公司时，陈登又是紧着忙活，忽悠得吕布分散兵力，又忽悠得吕布和属下因天黑而自相残杀以至于丢掉大部分地盘。

之前，陈登还忽悠过袁术公司的一名韩姓部门经理，使其撂挑子。这陈氏父子的忽悠能力接近战国时张仪的水平，但也是因为被忽悠对象的智商实在不高，所以只好把这父子俩排在第九名，给个一星。

第八名：满宠　忽悠指数：一星半

满宠，曹操公司一名普通中层干部，开始也没什么优异表现。后来杨奉公司与曹操公司叫板，曹董并没有将杨奉当回事，只是非常看重杨奉公司里一名叫徐晃的业务骨干。

这时，满宠自告奋勇，就凭借和徐晃的一面之交，乔装打扮，独自混到杨奉公司，硬是单靠一张嘴，说服徐晃立即跳槽到曹操公司。

也许有人会说，这和李肃的表现差不多，为何满宠就比李肃多了一颗忽悠之星？

其实李肃与满宠还是有差距的。首先，满宠说服徐晃没带任何礼品，完全是空口说白话，比李肃要高明一点；还有，从说服对象上看，徐晃可比吕布的智商高，后来徐晃还用计打败过马超、逼退过关羽等，所以满宠的忽悠难度要明显高于李肃。因此，满宠排在李肃前面，合情合理。

值得一提的是，徐晃的道德水平也高于吕布，吕布跳槽时没等李肃提议就先杀了自己的前任老板，而徐晃即使有满宠的游说，也不忍心杀害自己即将告别的旧主子，真是"君子绝交，不出恶声"。

第七名：姜维　忽悠指数：二星

姜维，原来是曹操公司天水分公司的一名小职员，后被诸葛亮收服并委以重任，接替诸葛亮，成了刘备公司的最后一任CEO，可见能力很强。

姜维还曾经诈降过曹操公司，差点把当时曹操公司的CEO曹真忽悠死。后来，得知刘备公司的末代董事长阿斗不战而降，心里悲愤，可生气归生气，他又玩了一出好戏，忽悠司马公司的一位项目经理钟会自己开公司，好乘机恢复刘备公司。虽因种种原因没有成功，自己也悲壮牺牲，可这种勇气、智谋和忠于职守的精神，很值得推崇。

但为什么只是把姜维的忽悠排名仅排在第七名而不是再往前排呢？因为那钟会本来就有野心，所以忽悠难度不算太高。不过，姜维能以一投诚之人的身份在短时间内博得一向自负的钟会的高度信任，跨入"大忽悠"的行列也是够格的，获得两星也当之无愧。

第六名：李恢　忽悠指数：二星半

李恢，原刘璋公司的一名文员，曾经劝谏过刘璋不要和刘备公司合作，后经赵云推荐投奔刘备公司。开始刘备董事长因为他以前的行为心存芥蒂，可被李恢三言两语就给化解。接着，他又替诸葛亮冒险，去劝说当时为张鲁公司打工的马超前来归顺。

这次忽悠行动算得上凶险，因为马超可是出了名的愣头青，加之自己老婆孩子及不少至亲被人杀害后不久，情绪很不稳定。再有，马超又刚和业务骨干张飞恶斗过几百回合而不分胜负，可正在气头上。

能言善辩的李恢先是危言耸听，又指点江山，加上摆事实和讲道理，把个原本连刀斧手都准备好的马超忽悠得改变主意，真心加盟刘备公司。而且，马超还亲自打头阵，对刘璋进行恐吓，让刘备公司兵不血刃地拿下成都。

可以说，李恢的忽悠能力，的确不容小觑。毕竟，他啃下的是一块硬骨头。忽悠能力排在姜维前面，自有道理。

第五名：张辽　忽悠指数：三星

张辽，原吕布公司的业务骨干，后成了曹操公司的业务骨干，作为武将而具备忽悠能力，实属罕见。

他竟然能把极端追求忠义的、人称武圣人的关羽关云长忽悠得暂时归顺曹操。当曹操公司把刘备公司几乎完全挤出徐州市场时，关羽的残部也被困在一座小土山上，当时关羽已经做好舍生取义的准备，而张辽娓娓一席话，说得关羽半晌无语，随后暂且投奔曹操。

就冲这忽悠能力，排第五名，给个三星，没什么大问题，因为被忽悠对象的难度实在太大，非一般的"大忽悠"所能完成。

第四名：贾逵　忽悠指数：三星半

贾逵，山西人氏，曹操公司一位难得的文武双全的人才。从小他和其他儿童玩耍时，就爱模仿排兵布阵，他爷爷很看好他，说他长大后必能成大将，就全靠口授，教他上万字的兵法。

他的忽悠能力完全是靠自身的一股子正气，曹董去世后，曹丕接替，而另一个脾气暴躁、业务也强的弟弟曹彰不太服气，带着自己的十万手下气势汹汹地来讨说法。曹丕一向对这个长着黄胡子的弟弟发怵，贾逵自告奋勇，并放话，说只用几句话就能摆平。其他同事也纷纷附和，同意贾逵出马，看来大家都很了解贾逵的能力。

果不其然，贾逵以君臣之义、长幼之序、忠孝之道为根本，三言两语让原本桀骜不驯的黄须儿乖乖地交出人马，按程序觐见新董事长，最后老老实实地从哪里来、回哪里去。

贾逵这忽悠能力确实是冰冻三尺，非一日之寒。早先贾逵还为大汉公司当某分公司负责人时，一伙势力很强的强盗抢占该分公司，贾逵带大家全力抵抗后不济，又为多数平民生命财产安全

谁有我能说

考虑，就与强盗谈判。强盗头子要求贾逵跪下，贾逵凛然说道："我堂堂一个国家干部，怎能向一个蟊贼低头！"强盗头子气得要杀贾逵，而当时所有百姓却都嚷嚷，说只要强盗敢杀贾逵，大家都死战至最后一人，再加上强盗头子的小弟们也被贾逵的正气所震慑、感染，最后没杀贾逵。

贾逵的一身正气在当时是有口皆碑的。就是靠着这股子正气，把一个原想争夺权力的曹彰给忽悠住了，难度不小，故此把贾逵排到第四位，获得三星半。

第三名：邓芝　忽悠指数：四星

邓芝，原来刘表公司治下的新野人氏，在刘备接管西川前就入川。后来只是和刘备谈了几句，就被任命为刘备公司广汉分公司的负责人，可见其口才不错。

邓芝最骄人的战绩就是忽悠得孙权董事长乖乖地按诸葛 CEO 的意思，和刘备公司再次结盟。当时，诸葛 CEO 为挑选去孙权公司的谈判代表而大伤脑筋时，发现邓芝能明白他的战略意图，就果断地派邓芝去东吴谈判。

孙权这位董事长可是很不好忽悠的，主意大，个性强。开始还支个油锅、安排刀斧手吓唬邓芝，看来并无结盟诚意。可邓芝对恐吓根本就不屑一顾，摆足了大义凛然的姿态先镇住了孙董，然后再大开大阖，缜密分析，反复算计，表演一出只有战国时的高级说客们才会的好戏，圆满完成谈判任务。

邓芝同时也能胜任将军，事实上也当过将军，所以有足够的胆气。而且从邓芝这次忽悠行动的难度、收益等方面看，确实在上述几个"大忽悠"们之中首屈一指，所以排第三名，荣获四星。

第二名：贾诩　忽悠指数：四星半

贾诩，甘肃武威人氏，由于家离董卓公司的老总部不远，所以贾诩就先到董卓公司上班。

年轻时，贾诩就很能忽悠，遇事机智。一次，请病假回家小住时，路上被一些少数民族强盗绑架，贾诩恐怕被害，就声称自己是当时某实权人物的外甥，还忽悠强盗说善待自己就有大笔赎金可得。其实这都是贾诩瞎编的，可强盗们却信以为真，最后竟放了贾诩，而其余一块儿被绑架的十几人却都惨遭杀害。

后来董卓公司的老板多次换人，可都对贾诩礼遇有加，足见其忽悠能力。但贾诩知道董卓公司没什么前景，就跳槽到张绣公司。

贾诩最经典的两次忽悠就是分别帮助两任老板改变主意。一次是张绣势单力孤，本想投靠袁绍公司，可经过贾诩一番分析，让张绣心服口服地放心投靠自己得罪过的曹操公司，并且后来的情况和贾诩分析得一点不差。

再一次是曹董在接班人人选问题上举棋不定，单独找贾诩商量，并透露出自己的偏好，希望贾诩能给点意见。可贾诩却半天一言不发，直到曹董再三追问，才说："哦，我在想别的事。"曹董问什么事，他说："有关袁绍公司和刘表公司的父子关系的事。"一句话无疑让曹董醍醐灌顶，因为袁绍和刘表两个老板就是在选择接班人的问题上犯了同样的错误——废长立幼而导致公司最终破产。所以曹董还是选择符合继承制度的儿子曹丕当接班人。当然，之前曹丕经高人指点，结交过贾诩，因此贾诩才向着年长的儿子，如果别的儿子和贾诩的交情更深一点的话，说不定他贾诩还会另有说辞，照样能忽悠曹董改变主意！

所以说，贾诩在年轻不被人看重时，只有一位叫阎忠的高人看出其有张良、陈平之才。说贾诩像张良吧？接近，但夸张了点。说贾诩像陈平，则非常贴切，一来贾诩和陈平一样，道德水平不高，他多次跳槽，不够专一；二来贾诩的计策也和陈平一样，够阴毒，曾经以极其阴毒的一套连环反间计害得马超、韩遂反目。但不论怎么说，能忽悠曹操董事长的人，可绝不是一般的水平，那曹董是何等狡诈多疑。如果只是参照贾诩忽悠董卓公司的蠢材们或者张绣、刘表这样的庸才的成绩，就不会把他排到第二名并给他四星半了。

第一名：诸葛亮　忽悠指数：五星

诸葛亮，大家再熟悉不过，真称得上"有夺天地造化之法，鬼神不测之术"（孙权公司时任 CEO 周瑜所评价），政治、军事、科技、文学都可算专家级。但还有一点可能容易让人忽略，那就是诸葛亮还是一个专家级"大忽悠"。

他曾经多次施展忽悠神功，这里就介绍他两次具有历史意义的忽悠行动。一次就是千古扬名的"隆中对"，诸葛亮以一名普通知识分子的身份，竟然对当时各个公司的情况都了如指掌，还为刘备公司量身定做了一揽子战略规划，把个一向郁闷的刘董忽悠得血脉贲张、信心十足，感觉形势大好，霸业可成，汉室可兴，前途一片光明，多日来在刘表公司磨洋工而攒下的怨气一扫而光，准备精神抖擞地迎接未来的机遇和挑战。

其实诸葛亮给刘董描述的都是蓝图，虽说作为领导的刘备应该有长远眼光，可由于诸葛亮的忽悠，刘董都已经到了消极等待成果的地步，曾经饶有兴致地编起牛毛帽子，全然不理会其他公司的虎视眈眈。

如果说"隆中对"可以偏执地理解为诸葛亮善于为老板打气的话，那么"联吴抗曹"则充分显示了诸葛亮善于借力打力、火中取栗的真正忽悠功夫。

本来孙权董事长准备对刘董的遭遇幸灾乐祸，可诸葛亮略施小小的激将计，孙董就上了当，要和曹操玩命。之前孙权公司的20余人组成的"防忽悠大团队"也被诸葛亮舌战群儒，轻松击溃。孙权公司的 CEO 周瑜最后还想再来"反忽悠"一把，孰料忽悠专家诸葛亮又造谣说曹董想把 CEO 周瑜的美貌妻子以及同样漂亮的大姨子一块儿霸占，还信誓旦旦地说有曹董儿子的一篇赋为证，结果孙权公司的"防忽悠工程"彻底崩溃。诸葛大忽悠完成了三国史上最大的一次忽悠行动。

这次渔翁得利的大忽悠行为完全是有预谋的，诸葛亮对刘董直言："咱们硬来可玩不转，我来忽悠曹操公司和孙权公司互相吞并，若孙权公司胜，咱们公司可以'黄雀在后'，趁火打劫，来夺取荆州的市场；如曹操公司胜，咱们公司同样可以瓜分江南的市场。"这才是地地道道的超级大忽悠。

前面提到，孙权董事长可是生得紫胡子、绿眼睛，仪表雄伟、气度不凡，有头脑、有智商，连诸葛大忽悠自己心里都明白孙董很不好忽悠，而且 CEO 周瑜也不是等闲之辈，要不是巧用"二乔"典故，诸葛先生的成功概率还真要好好评估一下。

所以，把诸葛亮排为第一名，给封个"五星大忽悠"，名至实归、无可挑剔、毋庸置疑。

给"大忽悠"们排定座次，感触颇深。回过头仔细品味"忽悠"一词的原意，不难发现，不论旗子如何飘还是灯光怎样闪，旗子和灯光本身短时期内并没有变化，只是被某种力量比如风或者说是大气给"忽悠"了。

其实，有时人也一样，本来没必要上当或者改变主意，但一碰上有"忽悠"能力的高人，就没准了。当然，上述所有的例子也不都是负面的，有不少正面的，譬如诸葛亮给刘备提高信心，贾诩提醒曹操别犯错误，都忽悠得对。至于诸葛亮忽悠孙权公司，就目的来说，是很不纯的，但孙权公司抵抗曹操公司也符合孙权公司的利益，只是在和刘备公司签署合作协议书时，欠考虑，以至于条款定得对刘备公司更有利一些罢了，但合作抗敌肯定是没错。

其他的例子也不能绝对地说是正面还是负面，一切取决于忽悠的人和被忽悠的人的选择，本来，做任何决定都是一个选择，基本原则还是要以自己为主，别人的意见可以参考，至于采纳到什么程度，就要看具体情况，不可一概而论。

姑且引用一宗禅门公案。事情很简单，两个刚刚吃饱饭的人在为旗杆上迎风飘动的幡而争论。甲说："是幡动，而不是风动。"乙则说："是风动，而不是幡动。"一时，谁也说服不了谁。正好一位禅师路过，问明原委后，微笑道："二位，其实风也没动，幡也没动，而是你们的心在动。"这下子，刚才争论的二位更迷茫了，估计争论暂时会偃旗息鼓，但困惑至少得再伴随他们二位好一阵子。

那到底上面三位谁说得对呢？以科学的态度来看，三个人说

谁有我能说

得都不够准确，都是表达太省略而导致主体、客体混淆。甲的看法应该是说"风把幡吹动了"，或者说风把幡给忽悠了；乙的准确意思表达可以是"幡的确在动，但是被风吹的"，或者说幡被风给忽悠的；而禅师的意思是说"你们二位的注意力（就是心，古人认为心脏是管思考的）被风、幡给吸引而启动了"，或者说甲、乙的心被风、幡给忽悠了。

所以，如果不是太较真，三人的说法都没问题。可问题就是汉语不同于一些外语，语法太过简练，故而容易引起歧义。当然，汉语无疑是世界上最接近完美的语言之一。只是，不少人总不自觉地被语言给"忽悠"了，关键是一定要把持好自己的"心"。这样，不管是风也好、幡也罢、禅师也可，都不太容易把阁下给"忽悠"了。

究竟听谁的？

一位老板，或者说决策者，往往会听到很多种不同的意见。甚至有时候，决策者不得不在两种针锋相对的意见中权衡再三，做出选择。在三国里，有的老板很善于听取意见、甄别意见、对比意见直至选择意见、领悟意见、落实意见，比如，曹操、刘备、孙权，这三位老板在这方面都做得很好，以至于最终各自在鼎足之势中占据一席。

曾几何时，一种名为"厚黑学"的说法，认为曹操心够黑，刘备脸皮厚，孙权二者兼而有之，所以这三人能成就事业。其实，这三位就是在面对很多种参考意见时，善于选择而已。当然，如果出现了谬误，还很善于吸取教训。于是乎，就成了什么心黑脸厚，确实有失偏颇。实际上，这里所谓的"心黑"，其实就是具备宏大的战略眼光。那时候，汉室衰微，群雄逐鹿，不想当老大的人注定成不了什么人物，这三位自然心知肚明，哪一个都想问鼎天下，只不过各自的表现方式和实现路径不同罢了。所谓的"脸厚"，无非就是礼贤下士，见了人才能放下架子，至少总是要摆出一副虚心求教的样子。

然而，仅仅具备上述两点，还不足以成为一位重量级的老板。因为，那只是入门级的。有这么一位慈父老板，也具备这两点，但却最终将自己如日中天的事业在短时期内搞得一蹶不振直到彻底破产。这位老板就是袁绍袁本初。

之所以在老板之前冠以"慈父"，是因为这位老板真的具备超乎常人的父爱，因为自己的老儿子得了皮肤病而精神恍惚，方寸大乱，失去了一个与最强竞争对手曹操争天下的绝好时机。这样的父亲，从亲情角度看，是一个好父亲。比起那个让自己儿子为自己挡箭矢而送命的曹阿瞒以及为了笼络人心摔孩子的刘玄德，不知强过多少倍。

可是，慈不掌兵，袁本初的性格注定其无法统御虎狼之师、指挥熊罴之众、调和智谋之士、驱驰绝伦之将。

相对于曹、刘之辈，袁绍所缺乏的就是领导者所具备的判断力和决断力。

袁绍属于贵族之家，有着非常显赫的家世，有"四世三公"之称。试想，连续四代人都是高级干部，这样的家庭又何止官二代？可谓官五代。因此，在早期十八路诸侯讨伐董卓时，袁绍就被推举为盟主。那个时候，刘备正带着仅有的两个弓箭手小弟关羽、张飞刚刚跨入职场，还处在给公孙瓒打工的阶段，而曹操也不过是一家小公司的执行董事。

可是，这时问题就出现了。董卓溃逃，袁绍对于究竟追击与否，不知道听谁的。书中关于袁绍向曹操解释之所以没乘胜追击的理由就八个字："诸兵疲困，进恐无益。"表面上看，是袁绍的想法，其实，是其他诸侯们的心声。因为，曹操属于进取型的老板，随即表明对董卓应该追击的态度。而其他老板则各自打着小算盘，"诸侯皆言不可轻动"，身为盟主的袁绍丝毫没有意识到自己的权威，竟然顺着多数人的惰性心态，忽略进取型老板的开拓热情，足见袁绍不是一个合格的老板。争论之后，曹操不等盟主下令，擅自出兵追击。袁绍并未以盟主身份去阻止，可见，究竟是否追击董卓，袁绍心里没什么主意，这时，"究竟听谁的"就已经开始成为袁绍的一个"哈姆雷特开场白"式的问题。

但是，袁绍毕竟也有政治野心，年轻时也喜欢结交名士，在附庸风雅方面，丝毫不逊色于曹、刘。大知识分子郑玄区区一封信，就能让袁绍摒弃刘备截杀弟弟袁术的仇恨，可见袁绍多么卖知识分子的面子。当然，袁绍和袁术不和，也是一个很重要的原因。

袁绍以及他的团队在没有什么地盘时，还是很提倡民主集中制的。当袁绍军队流浪在冀州地界，谋士逢纪建议夺取冀州时，

三
国
猎
头

其余谋士没有反对意见，大家空前团结。这样一来，袁绍就特别有执行力，在遭遇韩馥公司里两位书呆子策划并实施的刺杀之后，袁绍有惊无险地顺利拿下冀州，收获事业上的第一桶金。

随后，袁绍又继续招兵买马，自己的儿子、外甥也一齐上阵，猛将谋士们自然也奋勇争先，一口气又拿下青州和并州，袁绍公司已经开始做大做强。其实，所有公司在草创期和成长期时，团队还是很具备向心力。这个阶段是袁绍公司的黄金阶段，袁绍不用为究竟听谁的而困惑，他只需要执行大家制定的方针路线，反正本阶段的方针路线概括起来就两个字：扩张！

在收编了很多黄巾军的余部后，袁绍率领他的团队又浓墨重彩地在北国大地上画了一笔，公孙瓒像一只老鼠一样被袁绍困在易京楼里。最后，袁绍掘地而攻，又放了一把大火，逼得公孙瓒全家自焚而死，北方的幽州也成了袁绍的领地。至此，袁绍已经占据了整个河北地区，包括北方一些少数民族都向袁绍臣服。这时的袁绍公司，如日中天。

曹操也没闲着，趁着袁绍在黄河以北攻城略地时，曹操灭袁术、收张绣、除吕布、驱刘备，山东和中原地区成了曹操的私家花园。所以，不可避免，袁绍要和曹操对决。

如丧家之犬的刘备丢弃了自己的家小和兄弟，只身一人，成为袁绍的一名宾客，暂且混个温饱。袁绍兴许是也把刘备当成谋士，居然让他也参与讨伐曹操军政大计的讨论。当资深谋士田丰认为时机不够成熟时，原本意气风发的袁绍又拿不定主意，转而问刘备意见。试想，这时的刘备巴不得袁绍和曹操打成狗脑袋才好，哪里管你时机成熟不成熟，当然不会出正主意。下面好好分析一下刘备是怎样给田丰挖坑的。

田丰是个很有谋略的谋士，但是，他在做人方面却差强人意。袁绍上次因为老儿子皮肤病而错失讨伐曹操的绝佳良机，当时力主出兵的就是田丰，而请求出兵的恰恰是刘备。田丰虽说是为袁绍公司考虑，但如果那次能说服袁绍出兵，那么客观上也将同时为刘备解围。刘备为了达成自己的目的，自然不会感恩田丰以往的这种善意。况且田丰这一次的建议明显有点赌气成分，田丰的大概意思是说：你看看，上一次曹操正好打徐州，许都空虚，老板你不动手。这次曹操公司势头正好，还是看看再说吧。

事情已经过去，就不要再揪住不放。田丰忽略了袁绍爱面子的特点，还在絮叨过去的失误。这时，袁绍也没有介意，但确实拿不定主意，才问刘备。刘备给袁绍戴了顶高帽子，不动声色地给田丰挖好了坑，大意是说：曹操大逆不道，袁老板要是不有所作为，恐怕信誉扫地。

也就是说，其一，除了袁老板，没人能收拾曹老板；其二，袁绍要是采纳田丰的意见，就会没脸在江湖上混。这下子，袁绍打定主意要出兵。可那位"刚而犯上"的田丰还继续泼冷水，袁绍很不耐烦，但基本还能克制。但田丰还是咬住不放，又恐吓袁绍，说："若不听臣良言，出师不利。"这在喜欢听吉祥话的袁绍看来，简直就是老鸹叫，大大不吉利。

老板发火了，不仅要炒鱿鱼，还要田丰的小命。这时，刘备又赶紧充好人，当和事佬儿。袁绍考虑到刘备是新来的，得给点面子，就折中了一下，将田丰下狱。

至此，刘备挖坑加填土，一气呵成。

仅仅囚禁一个田丰，似乎还不足以显示出刘备能给强大的河北军团带来多少晦气。如果说袁绍这边刘备出于自己的利益而鼓噪出兵只造成了内部矛盾的话，那么，黄河南边关羽对于义兄的思念之情则更是形成了对袁绍公司人才队伍的更大伤害。

袁绍盟主的十八路诸侯在虎牢关前被吕布阻挡时，就放下狠话，说自己手下的颜良、文丑来一个，就能摆平，可见颜良、文丑的实力也绝非泛泛。事实上，二人的武艺也的确不俗，颜良一出场就连斩宋宪、魏续，这二人原本也是吕布手下的得力将领，但在颜良面前，简直就不堪一击。而文丑出场时，先是一箭射得张辽落马，又是打得徐晃逃命，战绩不错。可是，这二位猛将居然都被急于报答曹操收留之恩的关羽轻松干掉。可以这么说，关羽斩颜良、诛文丑，直接动机就是为了赶紧还曹操人情进而好回归刘备公司，刘备不杀颜良、文丑，颜良、文丑却因刘备而死。

按照一般推论，刘备的小弟做掉了刘备现任老大的两个得力手下，那这个现任老大还能轻饶刘备？可是，事情的结果却有点让人惊异。刘备居然仅凭三言两语，接连两次为自己即将到来的死刑公诉辩护成功。

第一次公诉刘备的是沮授，颜良死后，公诉人凭借杀害颜良嫌疑人的长相（赤面长须）和凶器（大刀）这两点事实来认定凶手就是刘备的义弟关羽。当时，袁绍深信不疑，已经下了执行刘备死刑的命令。可刘备却不慌不忙地辩护，说长相一样的人多了去了，怎么就一口咬定红脸长胡子的必定就是关羽呢？

袁绍真的很没主意，立刻又倒向了刘备，瞬间又将刘备的身份从阶下囚恢复到座上客，还责备公诉人一通。

第二次提起公诉刘备的是郭图和审配，这次的证据也很有力，已经确定杀害文丑的凶手就是关羽，而且杀文丑和杀颜良的是同一人。要说到了这个地步，刘备恐怕凶多吉少。但在袁绍的咆哮声中，刘备又施展不错的口才，居然将杀害颜良、文丑的责任推到了曹操身上。就是这么拙劣的辩护，袁绍居然也认可，又一次从座上客变成阶下囚的刘备再一次变回座上客。

沮授、郭图、审配和田丰的地位不相上下，都属于袁绍集团的智囊人物。可这三位接连公诉刘备，还是在事实确凿的情况下，都被刘备推了个干干净净。不是刘备有多么超常的口才，而是袁绍自身的性格所致。

这一点曹操的大智囊之一郭嘉分析得很透彻。在郭嘉对比分析曹操、袁绍二人特点的"十胜十败"论断中，其中有一条就是说袁绍对外宽宏却对内忌讳，并且用人唯亲。郭嘉认为在这方面曹操却态度鲜明，用人唯贤，属于"度胜"，即度量强过袁绍。还有一条就是"德胜"，袁绍太过沽名钓誉，而曹操是以诚待人。再有一条就是"任胜"，袁绍认定"远来的和尚会念经"，而曹操却能一视同仁，对所有下属公平对待。其实，这三条正好都是刘备能死里逃生的原因。因为，对于袁绍来说，刘备当然是"外"，而颜良、文丑、沮授、审配、郭图自然都是"内"，这就属于"度胜"的范围。同时，刘备又是皇叔血统，加之曾经扛过郑玄的大旗，袁绍还是很看重这份面子的，这就属于"德胜"的范围。再有，和原有的谋士、猛将比起，刘备显然属于远来的和尚，这就属于"任胜"的范围。

如果袁绍的毛病仅仅于此，倒还有救。更严重的是，袁绍还有两个致命毛病，那就是前文所提及的缺乏判断力和决断力。这两个毛病在郭嘉所说的"十胜十败"论中，也能照应其中的两条。郭嘉认为袁绍"多谋少决"，而曹操却雷厉风行，即"谋胜"，这就是说袁绍缺乏决断力；郭嘉认为袁绍"听谗惑乱"，也就是耳根子软，而在曹操面前不好搬弄是非，即"明胜"；这就是说袁绍缺乏判断力。

至于郭嘉提出的其他诸如"道胜"、"义胜"、"治胜"、"文胜"和"武胜"的观点，要么太过宽泛，要么主观性太强，并不能客观反映袁绍和曹操的差别，只能说一来有政治宣传之意，二来有凑够十条之嫌。

总之，郭嘉还是分析得很透彻的。就是凭借如此准确的分析，才坚定了曹操敢于和强大的袁绍争锋的战略信心，也谋定了如何和袁绍斗争的战术步骤。

本质上讲，袁绍公司破产的根本原因还是公司的决策机制和执行力度出现了相互掣肘的严重问题。这一点，曹操的另一位谋士荀彧也看得极其透彻。当孔融在曹操面前大肆吹捧袁绍公司如何实力强大、人才济济时，荀彧就下了判断：袁绍公司看似不小但管理不善（"绍兵多而不整"），田丰以顶撞老板为乐趣（"刚而犯上"），许攸贪婪且智商不高（"贪而不智"），审配独断专行又缺乏能力（"专而无谋"），逢纪行事莽撞不堪大用（"果而无用"），这几块料，互相拆台，钩心斗角，早晚要出大问题（"此数人者，势不相容，必生内变"）。

后面的情况确实如荀彧所言。

袁绍兵出黎阳时，许攸对于由审配掌兵而意见很大，沮授又恼火袁绍不采纳自己的意见，这下子袁绍更不知道该怎么办，只是按兵不动，给曹操腾出了宝贵的时间，好收拾刚刚在徐州立足未稳的刘备。

而后来官渡之战时，审配在大后方又揪住许攸亲戚贪污的问题不放，使得袁绍责骂许攸，这直接导致了许攸的叛变并向曹操献上了火烧乌巢的毒计。

郭图也不消停，曹操火烧乌巢之初，如果袁绍处置得当，还是可以抗衡曹操的。但此时，张郃和郭图又有了不同意见，郭图非要照搬"围魏救赵"的教条，建议偷袭曹操营盘；而张郃还是出于一个将领多年的实战经验，建议赶紧救应粮草重地乌巢。平心而论，两种建议都有道理，但问题是在当时那种情况一定要集中兵力，不管是攻打曹操大营还是救应乌巢，分兵必然是大忌。

可惜的是，老也拿不定主意的袁绍到底还是分兵了，因为既然不知道听谁的，干脆都听。袁绍派张郃、高览去劫营，派蒋奇去执行郭图的建议。

老实说，这是一个十分奇怪的分派方案。

救应乌巢的方案是张郃提出的，却不让张郃执行；蒋奇根本不是曹操猛将的对手，却被派去打硬仗。果然，蒋奇被张辽很容易地斩落马下，而之前张郃曾经和张辽大战几十个回合不分胜负。天晓得，袁绍是怎么分派的！

结果是乌巢也没救成，张郃、高览又被曹操伏兵困住。而且，出发之前，张郃就断定曹操在大营处有埋伏。

在袁绍营帐里躲清闲的郭图坐不住了，他害怕张郃、高览回营后和自己讨说法，就抢先进谗言，诬陷张郃、高览二人早就想投降曹操。不辨是非的袁绍立刻派使者召二将问罪。而郭图又先一步派人告诉张郃、高览，说袁绍要杀二人。最终，这两员不逊于颜良、文丑的猛将也投奔曹操而去。

不由得奇怪，为什么袁绍团队的成员陶醉于驳斥对方而不是从团队整体利益出发？在兵出官渡之初，逢纪就进谗言，想让袁绍杀掉已经入狱的田丰。而在出战黎阳之前，田丰、沮授、审配、郭图就莫衷一是，要不是后来许攸、荀谌参与争论，袁绍还不知道要犹豫到什么时候。

原因就是：袁绍公司在占据冀、青、并、幽四州之后，规模已经不是一般的小公司，这对于掌舵人的决策能力提出了更高的要求。具体到公司治理上，就是做到及时调整组织构架，使组织尽可能地高效运转而不是内耗。结合前面提到过的郭嘉和荀彧对于袁绍团队的分析，不难看出，袁绍公司在做大之后，组织行为

究竟听谁的？

的水平并没有同步提升，甚至还是停留在小作坊水平上。试想，这样的水准怎能形成科学的决策机制？加之袁绍本人在听取意见和采纳意见方面实在乏善可陈。所以，袁绍公司的破产在情理之中。

袁绍不善决断的毛病还造成了他死后的继承人争端问题。审配、逢纪二人支持袁绍的三儿子袁尚，而辛评、郭图二人支持袁绍的大公子袁谭。袁绍本想立袁尚为继承人，却同时向审配、逢纪、辛评、郭图征询意见。这样的征询注定不会有结果。一个本来就没有主意的人向两派意见针锋相对的人征求意见，想拿个准主意岂不是缘木求鱼？结果，袁绍到死也没有明示继承人的问题，只是在临终前点了点头。

这样的暧昧态度直接导致强大的河北军团分裂，袁谭和袁尚兵戎相见，同室操戈，给曹操以可乘之机。最终，袁绍的全部地盘都归了曹操，袁绍的三个儿子都死于战乱。

可以说，如果袁绍能够从善如流，袁绍公司的决策机制能够与时俱进，中原鹿死谁手，真得很难说。反正，曹操自从赢得和袁绍的竞争之后，实力大增，真正成为当时众多割据势力中的龙头老大。而袁绍呢，估计到死还是不知道究竟听谁的。

不能合作，就是对手！

如果某人没有自己创业的魄力，但却非常乐意为别的有创业魄力的人出谋划策，而且此人也具备相当的谋划能力，这样的人无疑是最受老板们欢迎的。可是，身为老板，一定要给人安全感，否则，某些特别有头脑的员工多半会炒老板的鱿鱼。更可怕的是，这样的人要是再跑到原来老板的对头公司里，可就有点麻烦了。

陈宫和曹操的恩仇记恐怕最适合上面所说的情况。

那还要从曹操刺杀董卓没成功而不得不亡命天涯说起。中牟县的治安人员比较负责，居然在大汉政府乱得一锅粥的时候还能那么负责任地将通缉犯曹操擒获。恰巧，该县的行政一把手就是陈宫。此时的陈宫已经萌发创业的冲动，可是他自己却没有那个魄力，他的内心无比渴望辅佐一位明主。

"此人竟然敢刺杀董胖子？"陈宫心里嘀咕着："看来这个人倒是可以一起干点大事，有他领头，我也不枉此生了。"

但是，谨慎的陈宫决定还是先亲自鉴定一下曹操的成色。陈宫摆出一副刑讯逼供的样子，审问道："据我所知，董总给你的待遇很好嘛！你又何必自讨苦吃？"

"宏伟蓝图是不值得和你这等芝麻官去讨论的。赶紧吧，把我送到董胖子那里领奖金去！"曹操决定硬挺。

陈宫仔细观察曹操的神情之后，才说道："你也别太瞧不起人。我不是一般的小公务员，只不过没有遇上好的领路人罢了。"

曹操暗自欣喜，觉得自己似乎有救。于是，他开始继续鼓吹："我祖上代代都是吃公家饭的，若我不能造福大众，除掉虐待国民的怪物董胖子，那我岂不是禽兽不如？唉，想当初我凭借玩无间道终于获得刺杀董胖子的机会，可惜没成功，这难道是上天注定的吗？"

陈宫面无表情，只是问："你路过敝县，又要去哪里呢？"

曹操心里开始打鼓，这县令不阴不阳的要干什么？但曹操脸上一点没有表现出来，接着说："我如果能回到老家，将策划一场好戏，用我的独门秘籍去炒作，必将能吸引海量投资，到时候，公司上市，嗯，接着嘛，董胖子的公司在我的新公司面前简直是小巫见大巫……"

"您简直就是我的贵人啊！"突然，陈宫拜倒在曹操面前。接着说道："对于您的策划案，我非常赞成并向往之，请算我一股吧，拜托了，我用我的劳动力入股，您看如何？"

曹操赶忙回礼，随后，成为陈宫的正式老板。此时，曹操公司的人数终于增加到两人。

三天后，因为"吕伯奢灭门惨案"，陈宫对曹操颇有微词，且唠叨不停。刚刚有了下属的曹老板脾气见长，不耐烦地说道："如果只有两种选择摆在我面前：一种是我对不起全天下人，另一种是全天下人中有一个有可能会对不起我，我宁愿选择前者。明白吗？"

听完此言，陈宫久久没有说话。

这样的老板也太没有安全感了。根据马斯洛的需求理论，安全的需求可是最基本的需求，如果这个底层的需求都不能得到保障，那还奢谈什么自我实现的高层需要呢？

陈宫自我实现的愿景被曹操的那一番话打得粉碎。陈宫不能接受这样的老板，于是，他选择义无反顾的离开。

和曹老板在一起的三个日日夜夜，陈宫已经将其了解的清清楚楚，不敢说像熟悉自己手纹一般，但至少能看穿曹操的想法。

可是，茫茫职场，到哪里去寻找一位让自己有安全感的老板呢？而且，这个老板还得有股子创业的魄力。

吕布，居然是吕布，陈宫的最后选择有点让人出乎意料。吕布之前也没有自主创业，是给别人当打手，也就是干点讨要高利贷、收取保护费、殴打竞争者的马仔业务。可是，陈宫一见吕布，竟然说服吕布自己开公司。而且，公司一开张，就几乎将曹操公司的市场抢了个十之八九。曹操公司的兖州大区（那时曹操公司也就这一个大区）一度被吕布公司抢走了绝大部分，多亏曹操公司有荀彧、程昱这样的超级智囊，还能剩下范县分公司、鄄城分公司和东阿分公司。

要不是吕布和陈宫有一定的磨合期，估计曹操很难挽回局势。更危险的是，由于陈宫摸透了曹操的心理，加之陈宫也具备很强的策划能力，濮阳城"瓮中捉鳖"计划几乎活捉曹操。此外，陈宫多次设计方案，只要是吕布采纳的，基本上每次都会给曹操带来麻烦。

为此，曹操甚为不解，他一直想弄明白两个问题：其一，陈宫为什么会弃自己而去？其二，吕布有什么啊，陈宫居然会如此铁了心地跟着他？

在白门楼上，曹操终于得到了陈宫的解答。如果吕布对陈宫言听计从，曹操还是没有机会得到答案的。

第一个问题，陈宫是这么回答的："老曹啊，你这人心术不正，让人很不踏实，所以我炒你的鱿鱼。"

第二个问题，陈宫是这么回答的："吕布虽说没什么头脑，但不像你太爱玩心眼。求职者宁愿选择一个笨拙点但憨厚的老板而不愿意选择一个虽说聪明但却阴险的上司。"

一个公司离不开陈宫这样的谋事者，但谋事者往往谨小慎微、患得患失，尤其是对安全的需求，更甚于常人。如果老板想留住这样的谋事者，就要想尽办法让陈宫们打消顾虑，一心一意为公司发展出谋划策、鞠躬尽瘁。不然，这样的人如果跳槽到别的公司的话，原公司损失的不仅仅是一名出色的员工，还会增加一位极其难缠的对手。

陈宫那种对细节的纠结对于成大事不拘小节的曹操来说，简直就是繁文缛节。但是，陈宫这类人一旦不能合作，注定是对手，而且，还是非常难对付的死敌。因为，陈宫了解曹操最有可能忽略什么，从而在这上面大做文章。这大概就是陈宫总能给曹操制造麻烦的原因。

不能合作，就是对手！

冷艳锯传奇

我的名字叫冷艳锯，其实我还有个名字，那个更耳熟能详。只不过，我觉得冷艳锯这个名字更另类一些，所以，就更喜欢以这个名字自居。

我的一生是充满传奇的一生，英雄和战士的史诗乃至鲜血和杀戮的洗礼，当然，还有不少至今都无法破解的未解之谜。就从我的身世开始说起吧。

身世之谜

按我的出生地来说，我应该是来自中华涿州（当时叫涿郡），当铁匠师傅的铁锤和炉火使得我具备生命时，我是那么激动和亢奋。因为，我诞生的年代是一个英雄有用武之地的年代，虽说对于人类来说，也许是灾难和黑暗的开端。

表面来看，我的母体只是上好的镔铁。镔铁在那个年代来说，就称得上是上好材料了。如果能用纯镔铁打造一把武器，绝对是一位战士梦寐以求的美事。

可是，不为人知的是，我的体内还有一些神秘物质，那就是玄铁。如果在武器里加一丁点儿玄铁，那这样的武器更是锋利无比、杀气凛凛。这些玄铁是一位叫张世平、另一位叫苏双的两位中华商人辗转从西域高价购得，带到内地的。

他们是从一位龟兹商人手里买来的，而这位龟兹商人的上家是一位大秦商人。大秦就是古罗马，一个远在西域之西的地方。反正，可以认为玄铁就是我的父体。作为父体的玄铁和作为母体的镔铁在高明铁匠的锻造下，赋予我生命。直到现在，我还记得当我降生后，一位赤面长须的好汉紧紧地握住我，他那双丹凤眼迸发着激动的光芒，而他那双卧蚕眉简直都快竖起来了。

所以，我的基因也许是罗马人的杰作，也可能是希腊人的智慧，不好说。这已经是一个谜。反正既然是神兵利器问世，当然要掀起一阵风雨。

初试锋芒

跟随我第一个主人，就是那位红脸汉子以后，没过多长时间，我就在涿郡附近的大兴山开始自己的职业生涯。我职业类似杀手，所有的工作就是斩杀敌人。

我的第一笔比较大的业务就是拜一个叫程远志的人所赐。我的主人只一刀，就让我试了试自己是否锋利。结果很让主人满意，程远志被一刀劈成两段。

此后，我为自己的主人开始大张旗鼓地与类似程远志这样身份的众多敌人展开鏖战。后来，我渐渐知道，这些敌人是黄巾军，其实是一些没有活路又被妖人蒙蔽的劳苦大众。至于杀这些人究竟是对是错，我无权思考，因为，我必须忠于我的职业。

在这之后，我有了一段休闲时光。因为我的业务对象基本被平定完毕，我主人跟随他的兄长一起去治理一个小县。我基本上无事可做，也就是被主人用来练练手，或者就是在家里休息。

可是，休闲时光是短暂的。由于那个世道的特性，总是逼得许多原本是良民的人造反。渔阳的张举、张纯作乱，他们自称皇帝和大将军。我又跟随主人加入战争，这样的毛贼不是主人的对手。很快，我随主人凯旋而归。

这对我来说，有点波澜不惊。随后的一大事件倒是让我跟随主人一起扬名天下，那是发生在十八路诸侯讨伐董卓之时。

虎牢关前，董卓，据说是一个大恶人，他的一个手下，叫华雄，极其骁勇，接连将主人友军的几位将军斩于马下。一时间，邪恶势力万分嚣张。

主人主动请缨，可是就是因为什么劳什子的官职头衔险些被联军最高统帅驱逐出中军大帐。幸亏有一路诸侯的首领慧眼识人，支持主人出马，还为主人热了一杯酒壮行。

主人也是出于义愤，暂时婉言谢绝这杯热酒，径自出战。在那战鼓的助威下，在那士卒的呐喊中，我和主人一起，将华雄的首级拿下。华雄的血很热，从他的脖子里喷射而出，感觉和那位诸侯首领给主人端的那杯热酒一样热。华雄的眼睛如同死鱼一样，至死还直勾勾地瞪着。也许，他到死也无法相信主人有如此的实力。

华雄的首级被主人割下并扔到那联军最高统帅面前，在场者无不动容。而那杯酒，静静地被放在几案之上，还是温的。

如果说这个事件使得主人名声大噪，那么随后我和我的兄弟们，一杆蛇矛和一对双股剑孪生兄弟联手与一个劲敌的搏杀，更是威震华夏。那个劲敌是一杆方天画戟，很是棘手，我们兄弟几个一起，激战好一会儿，才勉强使其暂时退却。

诸侯们由于不团结，终归没有将大恶人董卓除掉，大家如鸟兽散，各回各家。我又恢复休闲生活，倒也惬意。

和以前一样，这样的惬意不会太长。一位叫太史慈的勇士敲响了主人兄长家的大门，北海那座城池被黄巾军残部包围，为首的叫管亥，据说很厉害。北海太守特地派这位勇士来求助，那位勇士的铁枪和我并肩战斗一回。我们杀回北海，主人和我默契配合，和管亥战了数十回合，终于将管亥劈于马下，我又干掉一个匪首。

此后，先后跟随主人与不同的割据势力搏杀，有什么袁术、吕布，还有曹操，等等。值得一提的是，有一个叫车胄的家伙，妄图想暗算主人的兄长，被主人略施小计，当场斩首。这以后，我跟随主人进驻徐州，之前也到过这座城池，但由于吕布的捣乱，不大稳定。总之，这一切，也仅仅是又一个新的开端。

嗜血如命

车胄果然不能这么悄无声息地成为我的牙祭，他的老大正愁没有借口来攻伐主人这一方。所以，主人不得不紧紧攥住我，继续和车胄的老大玩命。

说实话，我、蛇矛和双股剑都是千里挑一甚至是万里挑一的神兵利器，可无奈人家的家什实在太多，我们确实无法以一当百，甚至是以一当千。

主人的兄长和兄弟都落荒而逃，而主人死死保护住兄长的家眷，我都感受到主人那股子杀身成仁的豪气，当时我感觉我最后的使命就是结束主人的性命，还好这种感觉只是感觉。

结果还可以，由于对方大将之中有一位主人的好友，用三寸不烂之舌，主要还是以主人兄长的家眷为说辞，竟然说得主人答应暂时栖身在车胄老大的麾下。

主人真得很郁闷，总是呆呆地看着我。可我认为，主人太重义气了，就是因为如此，才不惜毁坏自己最为看重的名节来保全自己兄长家眷的生命，这，才是真正的义气。不管怎么说，我为主人骄傲，同时也认为主人的选择是明智的。

那位老大很慷慨，不仅总是宴请主人外加金银馈赠，还赠送主人一匹好马，就是赤兔马。这匹良驹和我成了主人的最佳搭档，当然，那是以后的事情。

又过一段时间，我觉得有些不舒服。因为，那位老大轻易不舍得给主人派活，我自然也无事可做。唉，总是不喝敌人的鲜血，感觉很没有精神。我每日主要的事情就是帮主人练习刀法，主人的刀法越发纯熟。

那位老大终于又有事情。原来，讨伐董卓时那个最高统帅和那位老大为了抢地盘要火拼。顺便说一下，那位老大就是在我取华雄首级前给主人敬酒的伯乐。

由于那个最高统帅手下有两个很难对付的角色，伯乐的情况不妙。主人终于要有事情可做，而我也要派上用场。

第一个据说很难对付的角色叫颜良，他已经做掉伯乐的两员偏将且打败了另一员拿着大斧的大将，似乎无人可敌。

主人发威！赤兔马狂奔，加上我的挥舞，主人以迅雷不及掩耳之势取下颜良的首级。久违的鲜血味道真好，我大快朵颐。

至于另一个难对付的角色，就是文丑。起先，大斧和主人的好友合力都没有讨得半点便宜，还很被动。可主人拿上我一出

三国猫头

马，只不过三个回合，文丑就胆怯了。当他刚想退缩时，主人、赤兔马和我行云流水的配合，又让我痛快地饮了一回文丑的鲜血。

此后，主人更是勇冠三军。可是，主人不太拿这些当成什么荣誉，而主要是为报答伯乐的恩典。而报答完恩典以后主人就要寻找兄长。此处虽好，终非久留之地。

伯乐很狡猾，竟然一直不给主人见面辞别的机会。主人也不拘泥，干脆不辞而别。记得临走那一天，伯乐送给主人的那方金印悬挂在堂上，摇摇晃晃。

伯乐自然坐不住，赶紧带着一干人追着给主人送行，是一次言不由衷的送行。霸陵桥上，我做了一生中可能是唯一的一次非进攻性行为，我竟然充当一回礼宾人员，将伯乐送给主人的袍子挑了起来。

以后我就毫不客气地痛饮鲜血。由于主人走得仓促，没有考虑到必要的手续比如什么公文、手令之类的东西，以至于一路上守关人员没有少刁难，甚至还有设计鸿门宴的、暗中放火的，不一而足。

我又将孔秀、韩福、孟坦、卞喜、王植、秦琪和蔡阳的血喝了个痛快。这些人都是不自量力之辈，当然，他们也使得我名副其实地嗜血如命。

由于这次成功的逃脱，主人终于找到了兄长。而且，我也和蛇矛再叙手足之情，更可喜的是，又有一杆银枪加入，他也很勇猛，是我的又一个好兄弟。

我随主人在一个叫新野的地方落脚。

神奇扇子

新野的日子比较惬意，这里似乎是战乱时期的世外桃源。主人的兄长交际、应酬还真不少，据说都是荆州的主人热情邀请的。

可是，在这种年代，赴宴真是不轻松。主人的兄长差一点因为一次赴宴而被算计，要不是那匹叫作"的卢"的马，后果不堪设想，这一切我也是听赤兔马告诉我的。

为此，主人兄长开始寻找更厉害的武器。寻找来寻找去，终于找到了一件据说具备超常威力的武器，是什么呢？一把鹅毛扇。真是奇怪，扇子又能干什么？在我看来，连寻常小卒的武器都不如，不知道为何有人如此看好这把扇子。为了这把扇子，主人和兄长还有蛇矛的主人，一起跑了不少趟去诚心邀请呢。这，也是赤兔马告诉我的。

后面的事情证明了扇子的威力。这扇子扇起来，不是火，就是水。把主人兄长的大对头，就是那位伯乐的马仔们给烧得焦头烂额，淹得七零八落。博望、新野和白河可以见证。

最可怕的是，这扇子据说还能呼风唤雨，就是他借来东南风，在赤壁又扇出了一场超级大火，把伯乐的几十万大军烧得一败涂地。

所以，我、蛇矛、银枪甚至双股剑都得听扇子的安排。因为，只要按照扇子说的去做，就能打胜仗。这一次，我和主人被安排在一个叫华容道的地方守株待兔，当然，待的不是兔子，而是那个大对头，不过，我还是喜欢叫他伯乐。

扇子的话又一次应验，主人有了立下盖世奇功的机会。看来，我有可能尝一尝伯乐的鲜血。我很亢奋，几乎自己都发出可怕的鸣叫。我的500个小弟，500把快刀也跟着唱和。

但是，让我意想不到的是，主人为报恩，竟然网开一面，让伯乐溜掉。这个问题至今我也百思不得其解。也许，人类的思维比我们武器要复杂得多。要不，怎么是人类使用我们而不是我们役使人类呢？

过去的就让他过去吧，主人还是继续带着我驰骋沙场，杀敌无数。这段时间，我遇上了两个劲敌，也都是大刀，我们厮杀得真是棋逢对手、将遇良才。一把，我称之为"老刀"，是一位当时年过六旬的老人家所使用。在长沙城下，我们鏖战一百回合而不分胜负。第二天继续大战，又到五六十回合，还是难分高下。主人就要使出独门绝技时，老刀主人的马却来个马失前蹄，主人本可以当即干掉敌将，但却又放敌将一马。而老刀的主人也不含糊，在用冷箭偷袭主人时也手下留情。这一场义战一时传为佳话。

反正最后，老刀也成为我的好兄弟。

另一把，我称之为"壮刀"，此刀的主人乃是一位西凉壮士，不好对付。其刀法和主人不分伯仲，加之主人可能年岁大了点，我们在樊城之战中又是打了个上百回合，难分难解。而且，在次日的决战中，主人还中了壮刀主人的暗箭。

可是，主人有头脑，他好像也掌握了扇子的绝活。没见他摇扇子，也招呼来大水帮忙，竟然将壮刀以及其主人一并活捉。可惜，壮刀的主人死脑子，就是不愿意让壮刀和我做兄弟，主人只好成全壮刀主人的想法，将其处死。至于壮刀，就成为一把战利品。

扇子的确很神奇，主人如果以后能多学习学习扇子的长处，或许就不会出现以后的悲剧。无奈主人经过这一仗，威震华夏，有点骄傲了。

其实，之前主人就有些冒险，那还是一次赴宴。为了不让主人这一方的另一个对头看不起，就冒了一次不小的险，几乎是一个人去赴一个鸿门宴，要不是主人用我来挟持对方的主帅，估计我们凶多吉少。

从那时起，我开始隐隐约约为主人的傲气所担忧。

麦城哀鸣

主人的确太骄傲了，为了攻城时更痛快竟然只穿戴护心甲，结果右臂中了敌人的毒箭，一时不好和我再上阵杀敌。若不是我亲眼看着一位神医割开主人右臂的血肉，来了一次刮骨疗毒，主人的右臂可能难保。

可是，骄傲的主人又将医生所说需要静养百日的嘱咐抛诸脑后，因为以前在那位伯乐那里曾经并肩战斗过的大斧不依不饶地追杀着主人的儿子。主人火冒三丈，怒发冲冠。

主人勉力拿起我和大斧搏斗，毕竟右臂的伤还没有完全好，加上主人确实也有点衰老之态，激战八十多个回合后，主人不得不败下阵来，所败给的大斧居然是从前自己曾经保护过的战友。

冷艳锯传奇

141

大斧还给主人带来一个糟糕透顶的消息，主人受兄长和扇子重托所镇守的城池被另一个阴险如鼹狗的敌人偷袭得手，主人已经没有退路。我真切地感受到了主人的震怒，那股子怒气，直冲云霄，主人的伤口也崩裂了，鲜血直流，这样的鲜血是我最不愿意看到的。

再说，只是发怒，不解决问题。主人啊，你要冷静下来，若想征服一座城池，首先要征服自己的情绪才是。

说老实话，既然两股敌人目前都在攻击我方，主人应该明白留得青山在不愁没柴烧的道理，但主人只是派信使去兄长那里求援，自己则又带着军心涣散的将士妄图从鼹狗手里夺回失去的地盘。

无疑，这个决定是缺乏理智的。军心一散，加上狡猾的敌人使用一些蛊惑人心的办法，主人的部队更是溃不成军。我是一个劲地着急、挥舞，也无济于事。主人且战且退，退到一个叫麦城的小城池里面。

主人的确也有些清醒，他觉得自己必须突围，只要自己的身子还在，就有挽回局势的可能。可惜的是，他骄傲的毛病再一次给了自己致命一击。明明知道小路可能有埋伏，手下也良言相劝，可主人一挺胸、一昂头，大声说道："即使有埋伏，我也不怕!"主人啊，不是你怕不怕的问题，你一个人带着百十个残兵，确实没有勇敢的资本。我想提醒主人，可我不能说话，只有发出闷闷的哀鸣。可是，那个时候，谁又能注意我呢? 只有主人最忠实的跟班，那把大胡子，一直不停地摩挲着我。同时，我也感觉到这么刚强的汉子竟然在用泪水擦拭着我。

结果很不乐观，主人父子都被鼹狗们生擒。

主人英勇不屈，和自己的儿子一起被害。而我，被一个叫潘璋的敌人当成战利品。而且，这家伙还趾高气扬地拿着我到处炫耀，等着吧，有一天让你好看!

赤兔马呢，也被当成战利品赏赐给一个敌将。但赤兔马竟然绝食而死，追随主人而去。我倒是也想绝食，可我本来就不用吃东西的。唉，只有铁匠和熔炉才能成全我的忠义，可我没有自主权。

经过一段屈辱的日子后，终于等来主人兄长为主人报仇。双股剑带着几十万将士以及主人的另外一个儿子杀过来了。不过，听说蛇矛的主人也已不在人世，就是急于为了给主人报仇而遭到宵小谋杀，很是可惜。但是，蛇矛我还是见着了，是原来主人的儿子拿着的。而且，老刀也来了。老刀主人更是满腔为主人报仇的热情，一上阵就将一员敌将斩首。

可恶的潘璋眼见拿着我都不能战胜老刀，就又一次使用鼠狗战术，把老刀骗到设好的圈套中，然后伙同几个同伙一起围攻老刀，即使我出工不出力，也帮不上老刀。老刀的主人身中一支冷箭，侥幸被主人的儿子和蛇矛的儿子救回去后，壮烈牺牲。

然而，老天有眼。在接下来的战斗中，潘璋被主人儿子追得落荒而逃，迷了路径，冥冥中在一户庄院人家遭遇主人的儿子，这一次潘璋无处可逃。主人的儿子干净利落地为主人除掉这个仇人，而我，终于回到了主人儿子的手里，我很乐意，我又可以按照我的选择转战沙场。

北伐建功

扇子的意志很坚强，一定要完成双股剑交给的重任，即使双股剑的主人已经病死。

我和蛇矛还有那杆已经不再年轻的银枪当然要拼死完成扇子布置的任务。其间大小战役打了不少，记得有一次银枪老当益壮，接连杀死对方五员战将，可接着被敌人又来两路大队人马围了个水泄不通。不过还好，扇子真是神机妙算，早就安排我和蛇矛去接应。敌将董禧的血又让我饱餐一顿，而薛则的鲜血给蛇矛打了牙祭。两路敌兵也被我们冲得兵败如山倒，银枪的精神头更强。那一仗，打得敌兵胆战心惊，真是痛快。

可是，银枪的主人由于年事已高，后来病故。银枪只有在家里终老。蛇矛的少主人为追杀两员敌将，不慎连人带马跌入山涧，虽被救回，但终因伤重而死。蛇矛也和银枪一样，被主人的家人供在家里。唉，就留下孤独的我还咬着牙奋斗。

还记得有一把铁锤，惊出我一身冷汗。铁锤的主人是一个羌人元帅，有一次，少主人差一点被他打着。不过，后来少主人还是和我密切合作，让我畅饮一番那羌人的鲜血。

　　当然，我和主人在扇子的安排下，也刻意败过，为的是引敌将上钩，在木门道，万箭射死敌人那员曾经和蛇矛老主人激战过的敌将，堪称精彩一战。

　　不过，扇子再有能耐，也实在杀不完众多强大的敌人。况且，双股剑主人的儿子实在不喜欢我们武器，双股剑估计放在太庙当摆设不说，对于其余耍武器的他也不重视。结果这个主子只是听信身边小人的谗言，处处牵制扇子。

　　扇子很难做，当然，扇子好像也已经陷入了疯狂的执著。

　　我的少主人也很为军务操心，更思念故去的父亲，加上连年征战，不算老的身体垮了下来。

　　少主人病死！

　　我真的茫然，我该做什么呢？少主人的孩子还小，无法拿着我再去征战，我只有静静地躺在老主人的祠堂里，去追忆往事。

　　老主人的祠堂里，供奉着老主人和少主人的牌位，秋风吹过，只有帐幔在和我交流。蜀国啊，你的命运以后究竟会怎么样？双股剑、蛇矛、银枪、老刀，我真想和你们再来一次龙虎会风云。扇子，你要保重。

魂飘六合

　　扇子和自己主人真是卖命，甚至是玩命。就像神话里的夸父一样，去追逐着太阳，去完成一个不大可能完成的目标。所以，扇子的主人最终还是累死。而扇子，也犹如一把飞絮，不知所终。

　　但是，扇子的主人生前收了一个好弟子，这个弟子不但能继承扇子主人的神奇，在武艺上也能和银枪拼个平手，他也使枪，姑且称其为雪枪。他的枪法如梨花、似飞雪。

　　雪枪应该说是我们的晚辈，可其完成目标的决心不亚于我们中的任何一个。

时光又流逝不少年。就在雪枪主人的黑发也开始有点雪一样的白颜色时，蜀国实在支撑不住。双股剑主人的儿子还是在一如既往地帮蜀国的倒忙，这使得雪枪的宿敌竟然敢于翻越最险要的蜀道，直取成都。

扇子主人的儿子、孙子和蛇矛主人的孙子顽强抵抗，但已经是有心杀贼而无力回天，最后，他们都为国捐躯。而双股剑主人的儿子，竟然要去投降敌人。

可是，双股剑主人的一个孙子，很有血性，英勇殉国。其实，我在想，那又有什么意义呢？即使要殉国，也得拉几个敌人垫背才是，要么就好好活着。难道我一出生就惦记着自己再被熔化？

不过，雪枪主人很有一套，他表面上臣服于自己的敌国。可他却日日夜夜在活动，在游说敌国的另一个元帅自立为王。这样，蜀国才有复国的可能。这，才是真英雄。雪枪，你咋就不考虑使使别的武器？我很愿意为你效劳。

最关键的兵变开始，最让我激动的是，我主人的孙子也要参加。他专门到主人的祠堂来壮行，还拿起我。我浑身的血脉都开始贲张，又要痛饮敌人的鲜血。

可是，我的第三代主人就要出祠堂时，又把我轻轻的放回原地，旋即转身走出祠堂。我是又高兴又惋惜，我的分量可不轻，第三代主人能举重若轻地拿起我，说明力气不小，这是高兴的事；可他为何又不拿上我呢，让人惋惜。是了，一定是想让我陪着主人的英灵。唉，殊不知，能让我斩杀敌人才是对主人英灵的最好慰藉。

兵变成功了吗？据说是没有。毕竟雪枪所扶持的那个元帅太年轻，做事不牢靠，反而被人家算计。结果，雪枪主人和我的第三代主人都死于乱军，雪枪失踪。更让我感到气愤的是，那个被主人俘虏并处死的"壮刀"的主人有个儿子，竟然带着手下将主人其余的家眷杀个干净，我恨不能出去和他算账。听说，那个家伙也到处找我，扬言要将我扔到熔炉里。

不知道是哪位勇士，愣是将我带出祠堂，最后将我投到都江堰里面，或许是祈求都江堰的神灵来照顾我，也好给故国留下一点英气。

　　我的魂魄，至今还在天地间游荡，沧海桑田，也不知道多少次寄托在正义者的身上。而且，我至今还受着很多香火，当然是和我主人一起。对了，我的另一个名字就是：青龙偃月刀。

人马情未了

三国时期，受人瞩目的不仅仅是英雄。由于时代所限，马匹自然就是战将和君主们不可或缺的好助手、好伙伴。甚至好的战马可以成为割据一方的豪强们用于笼络爱将的利器，而更为感人的是，在铁马金戈、弱肉强食的三国时代，还演绎出了几段很感人的人和马之间的未了之情。

豫让赤兔恩义浓

豫让，春秋时期名垂青史的刺客。此人之前曾经当过晋国范氏、中行氏的门客，可都默默无闻。直到成了智氏的门客，才有了惊人之举。当然，所谓的惊人之举是一次失败的行刺。当被赵襄子问及为何不替前主人范氏、中行氏报仇，却独独为智氏报仇时，豫让的国士无双之说法被写进历史。

类比一下，《三国演义》里的赤兔马也是开始归董卓，后来董卓将赤兔马当作贿赂品送给吕布，后来赤兔马又作为战利品归了曹操。曹操为笼络关羽，又将赤兔马赏赐给关羽。之前的董卓、吕布甚至曹操之辈对于赤兔马来说，有点类似豫让那边的范氏、中行氏，而关羽就类似智氏。

按照《三国演义》里所讲，在关羽走麦城被俘杀害后，东吴将领马忠妄图占有赤兔马，结果赤兔马不吃草料数日而死。这种气概和豫让何异？

当然，如果从历史的角度考证，可以推测董卓或者说吕布的赤兔马未必就是曹操送给关羽的那匹赤兔马，因为马的年龄和生理周期有限，关羽所骑的赤兔马应该说和吕布所骑的不是同一匹，当然禀性不一样。

不过，我们姑且认定就是一匹赤兔马。之所以赤兔马如此，大概是出于作者歌颂忠义气节的出发点。试想，哪怕是一匹马，只要跟了忠义传千秋的关二爷，自然也变得忠义起来。人如果不知道忠义二字，岂不是不如马？小说作者的用心，可谓良苦。

不管怎样，赤兔马到了后世已然和关二爷成了一体，说起关公，自然就是赤兔马。有一副对联如是说：

　　　　齿面秉赤心，骑赤兔追风，驱驰时，无忘赤帝；
　　　　青灯观青史，仗青龙偃月，隐微处，不愧青天。

赤兔马和关羽，生生世世在一起。

专诸大宛心意通

大宛马，就是汉武帝为其不惜发动战争的汗血宝马。专诸，春秋时期吴国的刺客，知名度也见诸史册。曹操的这匹大宛马，叫绝影，性格上和专诸挺接近的，只要是主人交代的任务，一定要完成，哪怕搭上自己的生命也在所不惜。

专诸在刺杀完吴王僚后，被护卫们砍成肉泥。大宛马为了保护曹操冲出重围，已经中了敌人三箭，还不屈不挠地奔跑。好不容易驮着主人渡过淯水（当时流经宛城的一条河），敌人又是一箭射中马眼，大宛马实在坚持不住，倒地而死。

无疑，曹操能幸免于难，这匹大宛马功不可没。曹操也确实对这匹好马动了真情。一年后再次讨伐张绣故地重游时，还专门祭祀这匹英勇忠心的大宛马。这次隆重的祭祀除了显示出曹操对于好马的爱护和怀念，还有一种给活人看的目的。曹操不愧是玩弄权谋的高手，居然能在一匹死了一年的马身上做文章，对部属实施了一次忠诚教育。

曹操一定会发自内心地感谢这匹大宛马。

曹操还有一匹好马出现在《三国演义》里，那就是爪黄飞电。但这匹马也就是曹操的礼宾用马，主要还是用来打猎时显摆一下，真要是上阵厮杀，曹操对其信心不足。

冯谖的卢共沽酒

冯谖，战国时期齐国公子孟尝君田文的食客。在几千食客里，冯谖原本不出众。只是因为冯谖在待遇方面提出近乎贪得无厌的要求，给了孟尝君很深的印象。冯谖弹铗唱歌的行为也算是一种行为艺术。

不过，本文所说的的卢马要和冯谖比较的地方，不是这个方面。的卢马并没有一而再、再而三地向主人提要求。的卢马的前任主人是一个名不见经传的流浪军将领，名字叫张武。赵子龙不费什么力气就将的卢马夺过来献给刘备。可能是这的卢马太帅了，刘表见到后表现出喜欢之意，在人屋檐下的刘备只有识趣地将此马献上。

事情没有玩儿完，刘表的一位谋士蒯越说的卢马有泪槽，并且额边有白点，会妨害主人。并言之凿凿地说张武就是个例子。这下子吓得刘表又赶紧将马还给刘备。

有好事者将的卢妨主的说法告知刘备，但刘备却不以为然。这一点上看，刘备的气度还是很让人佩服的。

孟尝君曾经有一个到自己封地收账的差事，觉得冯谖老是吃闲饭，就派他去了。可没曾想冯谖居然自作主张，将还不起钱的欠账户的债券都付之一炬。更没想到的是，在孟尝君失意时，冯谖的这种行为为孟尝君收买了最为珍贵的人心。

而的卢马也恰恰给了刘备一个意外的惊喜。刘备不大相信的卢妨主的说法，但也没有寄希望的卢有什么优异表现。也许当时寄居新野的刘备经费紧张，只好将就骑着的卢了。

可刘备也没想到的卢马在驮着自己被蔡瑁率兵追赶到檀溪绝路时，一跃三丈，飞一般地上了岸，将追兵甩到身后，才使得主人成功脱险。

这一点来看，的卢马和冯谖还真有异曲同工之处。同样是在

人马情未了

不被看好的情况下，为主人立了大功。

难怪苏学士在一首古风里这么吟道：

> 耳畔但闻千骑走，波中忽见双龙飞。

这么看来，这的卢马也是龙马。在《三国演义》里，和刘备沾边的都能提高些身份，马也不例外。

毛遂玉龙渡烟波

其实，给孙权的这匹坐骑命名为玉龙马，也是不得已。因为原本在书中这匹马没有名字。只是在这匹马驮着孙权跃过逍遥津后，后人有一首诗形容：

> "的卢"当日跳檀溪，又见吴侯败合肥；
> 退后着鞭驰骏骑，逍遥津上玉龙飞。

根据这首诗，就将这匹立功的骏马命名为玉龙马。反正可以确定，这匹马是白色的。加之孙权后来称帝，马也就升格成了龙马。

但在这次事件之前，这匹马真是没有突出之处，以至于连名字也没有。比较一下，这和战国时期赵国公子平原君的门客毛遂有些神似。

平原君为了重要使命出使楚国，居然连 20 个自认为有才能的门客一时都凑不齐。这样一来，毛遂当然自荐。

平时默默无闻，关键时刻崭露头角，这一点看来，玉龙马和毛遂可以类比。

总的来说，这四匹良马至少有一个共性。那就是不论在何种情况下，都尽了自己的本分。从古到今，多少良马期待伯乐能将自己点石成金，从此名利双收。但如果连本职工作都做不好，恐怕纵然有机遇，也会失之交臂。比如，的卢不是那么争气做不到马跃檀溪；玉龙不是那么神勇无法飞渡逍遥津；大宛不是那么坚强可能挨了一箭就倒地；赤兔不是那么忠贞也许会随遇而安。那么这些个良马再有伯乐赏识，也不会名垂青史。而且，像的卢、玉龙这样的马，能有机会展示自己，都有些偶然。毕竟，刘备、孙权选择马的可能还有很多。但良马就是良马，都是抓住机遇，完成奇迹。

　　赤兔呜呼，忠心随主；大宛神速，跑出生路；檀溪怀古，当有的卢；逍遥津处，玉龙飞渡；演义成书，青史倾诉；良马孤独，伯乐何故？自求多福，神通眷顾！

跳槽记

人才总是很受欢迎，难免会收到不止一位老板抛来的橄榄枝。因此，人才也如同财务术语中的"现金流"一样，很喜欢流动，美国华尔街关于人才的描述有一句谚语："滚动的石头没苔藓。"说的就是这个道理。

对于想要获取更大发展或者获得更好福利的求职者来说，跳槽是不二选择。这样的案例，在《三国》中比比皆是。当然，跳槽也是一项极富风险的活动。跳得精彩，可谓风生水起直至华丽转身；跳得蹩脚，难免郁郁寡欢甚至身败名裂。下面，就来看看一些比较有特色的跳槽案例。

"富二代"的奋斗

马超，其实应该是一位"富二代"。其父马腾，已经将公司开创得很不错了。西凉马腾的名号，无论是"保皇派"的董承，还是"造反派"的曹操，乃至"走资派"的刘备，都很当回事。要么是笼络，要么是拉拢，要么是利用，反正不管怎样，少年马超本来很有希望继承家业并发扬光大的。

不幸的是，马腾在一次政治博弈中，有点冒进。此公居然想和玩阴谋的行家曹孟德比试阴谋，岂有不败之理？当然，马腾的合伙人黄奎没有处置好自己的家务事而导致走漏消息，从而在冥冥中帮了阿瞒，也起了一定的作用，这也许算得上"天不灭曹"这句谶语的一种应验吧。

马腾不幸倒下，身为长子的马超义不容辞地成了新掌门。平心而论，论攻城野战、疆场搏杀，曹操还真不是马超的对手，年轻的马超把曹操逼得又是脱袍子，又是割胡子，有一次还几乎成了箭靶子。甚至连当时曹操麾下的第一猛将许褚，也被马超打得要脱衣服了。

不过，曹操虽说打不过你，可人家会玩手段。蛇毒一般的计策开始施展，曹操在马超眼皮子底下精彩地表演了一出"反间计"。看似漫不经心的拉家常外加一封有意涂抹的信件，竟然逼得马超与自己的世叔翻脸，强大的西凉军团一夜之间土崩瓦解，马超马老板将自己父亲留下来的家底输了个干干净净，自己和一个弟弟、一位副手以及30多名基层员工，向着西部的戈壁荒原而去，开始了长路漫漫的流浪军之旅。

马超很有韧性，不到两年，在羌兵的协助下，又卷土重来，继续与曹操争夺西北市场。短时间内，曹操地盘中的陇西诸郡，几乎又都成了马超的家当。可惜的是，马超没有智囊团，又没有参谋机构，就靠自己想当然，轻信了一个叫杨阜的敌人。结果，在这个蝮蛇一般敌人的算计下，马超又一次将家当输光了，不仅如此，连自己的妻子和三个幼子、十余口至亲，都被那条蝮蛇害死。这次的结局比上次还惨，还是仅剩弟弟马岱、副手庞德相伴，可基层员工只有5～7人了。

马超不得不放下身段，以一名普通求职者的身份，开始了悲惨的跳槽生涯。马超的跳槽第一站就是汉中张鲁公司。

张鲁公司精于洗脑，有点类似后世的传销公司。当然，其洗脑技能还属于初级，糊弄愚氓尚可，对于精英求职者来说，起不了太大的作用。马超之所以跳槽到张鲁公司，绝不是为了福利待遇，而是奔着张鲁公司的实力。说穿了，马超就是想以张鲁公司的家当为筹码，重新回到赌桌上来。

张鲁也不是傻子，他对于马超的期望，仅限于将马超当一根棍子，用来殴打刘璋而已。于是，马超在新公司终于有机会独立运作一个项目，该项目团队除了马超本人和弟弟马岱之外，还有张鲁公司的2万基层员工，那位能干的副手庞德，因病假缺席。

要完成这个项目几乎是不可能的，因为，竞争对手麾下不仅拥有和马超一样喜欢厮杀的张飞，还有比曹操还会玩阴谋的诸葛

三
国
猫
头

亮。而且，马超在张鲁公司的同事关系也不怎么样，区区流言，居然使张鲁不再信任马超。张鲁公司已经拒绝承认马超的身份，单方面解除了劳动关系。

马超进退维谷，继续运行项目吧，葭萌关的半吊子工程没法收场；打道回府吧，原单位根本不接收。此时，诸葛亮不失时机地派遣一位人事干部李恢，轻松地让马超进行了第二次也是职业生涯的最后一次跳槽。马超决定到刘备公司发展。

刘备公司，可谓是一家神奇的公司。掌门人刘备貌似虚怀若谷、海纳百川，恨不能广纳天下贤士。可是，刘备又特别钟爱作秀，尤其是在兄弟之情方面。创业之初，刘备拿老员工当亲人，一个桌上吃饭、一张床上睡觉，这对于早期的老员工来说，简直是莫大的恩宠，因为刘备动辄以皇家血统说事。但是，这种作秀对于后来者来说，就成了用来区分等级的一套尺子。后来的赵云，勉强算是一位兄弟，而黄忠和马超只是成了一名老卒和一名匹夫。毕竟，这二人已经不能和刘玄德称兄道弟，因为这时的刘玄德不是那个织草鞋、卖草席的刘玄德，而是和其他大鳄们一起宰割天下的刘玄德了。

如此看来，马超的职业前景很不明朗。果然，马超自打跳槽到刘备公司以后，也就仅限于负责西北市场的工作，根本没有资格参与公司的高层决策。想当初，汉献帝的"衣带诏"项目中，父亲马腾的资历还远在刘备之上。如今，连刘备手下的"村野匹夫"张翼德，都位列"屡世公侯"的马孟起之上。

此后，马超就在刘备公司打发光阴，并没有被委以重任。要么是协助某位部门领导防守某个城池，要么是去吓唬吓唬思想状态不大稳定的羌人。至于想借助刘备公司的势力去杀曹操为父亲报仇，永远都是镜花水月。

诸葛亮在云南贵州折腾完毕，马超病故。

马超的两次跳槽，可谓一次不如一次。第一次跳到张鲁公司，还靠点谱。毕竟，汉中的地理位置还是适合马超的。只要能立足汉中，既可以恢复西北市场，还能有开拓西南市场的可能。但是，马超没有用心培植自己的嫡系。如果在张鲁公司揽下一个有关西北的业务，才是马超的正路。就如同孙策跳槽到袁术公司后揽下了一个有关东南的业务，结果孙策终于得以再度自立门户。可惜，马超没有走这条路。

论起第二次跳槽的情势，属于无奈之举。但马超还是有机会的，刘备在白帝城病死之后，司马懿策划了五路大军进攻蜀国。诸葛亮所谓的"安居平五路"中有一路就是终于委以马超重任，让他镇守军事重镇西平关，用声望镇压羌人。要知道，连诸葛亮都明白羌人视马超为战神，称呼马超为"神威天将军"。如果这时马超果断地自立门户，必然可以在大西北独树一帜，至少也算一方割据势力。马超又错失了机会。

究其原因，还在于马超自身。马超从小跟着父亲打天下，主要经营地在西凉，竞争对手大多看重武力，大家完全是公平的武力竞争，谋略乃至智谋都不被看重。所以，这就养成了马超敏于做事而拙于思考的个性，让马超规划自己的职业生涯，就如同让张飞研读《诗经》一般。

玻璃天花板

魏延的职场始发站应该是刘表公司。当时，魏延的工作地点在襄阳，刘表已经病死，其幼子刘琮继任掌门。魏延作为求职者，还是很有头脑的。他明白与其在死水一滩、毫无生机的刘表公司混日子，还好不如到正处在草创期但生机勃勃、充满机遇的刘备公司闯荡一番。所以，魏延的跳槽目的很明确，非刘备公司不去。

魏延事前准备得很周密，趁着刘备想带百姓进襄阳城避难，因蔡瑁、张允不许而发生争执时，魏延率领几百名死党突然发难，趁机暴动，用武力配合刘备进城。当时，张飞都已经准备跃马进城了，可刘备大概是自信不足，没敢和刘琮死磕，居然退却了。结果，魏延把自己的人马拼完后，独自一人，逃离了襄阳城。

魏延的第一次跳槽虽成功，就临时投靠了长沙的韩玄公司栖身。准确地说，韩玄公司已经并入曹操公司，而且这种合并属于《公司法》中的吸收合并。魏延在身份上属于曹操公司韩玄分公司的员工。当然，魏延心里还是在企盼着新的机会，好跳槽到心仪已久的刘备公司。魏延知道，自己要想干成一番大事业，必须到刘备公司。

机会总是垂青于有准备的人。赤壁烽火的灰烬还散发着余温，刘备公司的势力迅速扩张到了长沙。这一次，魏延策划得更周密。趁着暴虐的韩玄要杀黄忠时，魏延振臂一呼，又有几百死党跟随。这一次，魏延不再过多诈唬，而是直接进行"斩首行动"，亲自砍死韩玄，暴动成功。

魏延通过这次成功的暴动外加解救活动，终于跳槽到了刘备公司。虽说有个小插曲，诸葛亮莫名其妙地认定魏延有所谓的反骨而认定其以后必然会造反，差点将魏延推出斩首。但是魏延并没有放在心上。他明白，这是诸葛亮给了他一个下马威。这说明连诸葛亮都很忌惮他的能力，他很满意。此后，魏延开始摩拳擦掌，男儿建功立业的时候，终于来到了。

然而，魏延的结局证明魏延的第二次跳槽也不是那么明智。在刘备公司，魏延的业绩不可谓不大，不论是急难险重的业务，还是棘手复杂的项目，都少不了魏延的努力付出。攻打西川时，魏延冲锋在前，享受在后；汉中鏖战时，魏延一箭射掉了曹操的两颗门牙；南征孟获时，魏延屡次协助生擒孟获；六出祁山时，魏延立下了无数汗马功劳。在刘备病死后的那一段蜀国的危急时刻，魏延死死扼守汉中，为蜀国看好了这个关键门户。最为突出的是，魏延曾经建议进行"兵出子午谷"的突击队行动，自己率领一支小部队，配合诸葛亮的大部队，直捣魏国长安。要说从兵法上看，这是一招"批亢捣虚"的手法，虽有风险，却值得一试。后来邓艾、阴平偷袭蜀国的路数也和这一招类似。可惜，诸葛亮以风险太大为由给否决了。其实，如果从正面战场按部就班地进攻，牺牲的兵士会更多，风险会更大。

不是诸葛亮不会算账，而是诸葛亮多少有点嫉妒魏延。魏延，属于业务骨干型的人，但不懂得为人处世之道，荣誉有时是需要与人分享甚至主动谦让。蜀国公司难道就你魏延一个人能干？

木秀于林，风必摧之。魏延的结局说明了这个道理。与其说

跳槽记

魏延之死是一则悬案，倒不如说一件冤案。这一点不少历史学家都有论证，不再赘述。这里只是为魏延职业规划的失误感到可惜。

如果魏延在第二次跳槽时，选择直接投奔曹操，可能会更理想一些。当然，按照当时的归属来说，如果魏延选择曹操公司，也就不存在第二次跳槽，只能说算是工作调动，从分公司要求调到总公司。

对于魏延来说，曹操公司的用人制度、赏罚原则、工作风气，更合适一些。至少曹操担任掌门时，对于人才，可谓一视同仁，也不允许手下拉帮结派，更不允许哪个高级领导对属下揪辫子、打棒子。更重要的是，在接受合理化建议方面，曹操才是真正的虚怀若谷外加雷厉风行。乌巢之火，不过是刚跳槽来的许攸的建议，但曹操义无反顾地采纳。这条建议也是有很大风险的，按照诸葛亮否决"兵出子午谷"的理由，就不该采纳。

所以说，魏延跳槽到刘备公司，实际上是进入了一栋装着玻璃天花板的大厦，纵然十二分努力，但很难爬到大厦的顶层，因为，有一层看似无形的玻璃天花板阻碍。天花板的上面，是刘备的结义之情、三顾之恩；天花板的下面，是刘皇叔的出身血统、按资排辈。

最美赤兔，最贱吕布

马超、魏延二人的跳槽经历不能说很成功，但多少还是有亮点的。在不成功的跳槽案例中，不得不提一下吕布。

吕布，如果踏进古罗马的角斗场，必定是万众瞩目的焦点，会拥有不计其数的粉丝和拥趸。但就其跳槽经历来看，简直是糟糕之至。因为，吕布直到死，都没弄明白自己想要什么。试想，一个组织的首脑都目的不清，那么，这个组织简直就是最没有希望和前途的组织。

吕布的跳槽始发站是丁原公司。丁原公司的注册地在荆州，但由于董卓公司在洛阳要重新洗牌，丁原不得不赶去参与制定新规则。正是由于吕布的威武雄壮，使得董卓很忌惮。可是，吕布的一位老乡，却能从威武雄壮的外表看出鼠目寸光、贪婪物欲的实质。这位引领吕布进入跳槽生涯的老乡就是李肃。

李肃原本只是向董卓申请赤兔马一匹来进行猎头行动，可董卓是一位慷慨的老板，不仅提供了赤兔马，还额外提供了黄金千两、明珠几十颗、玉带一条。

李肃很会使用这些道具。先是用赤兔马震慑住吕布，然后又用黄金、明珠和玉带晃得吕布眼花，吕布立马被拿下，简直就成了唯主人之命是从的职业杀手。决定跳槽之后，吕布竟然杀死原来的老板，拿着前老板的脑袋，兴高采烈地跟着李肃跳槽去了。

第一次跳槽以后，我们会认定吕布喜欢黄金、明珠之类的金银珠宝外加好马。看来，吕布很贪财。吕布想要的，就是丰厚的物质报酬而已。

可是，吕布的第二次跳槽就让人修正了上述看法。因为吕布从董卓公司跳槽到王允公司，居然是为了一个女人。当然，王允在一旁拿"青史传名，流芳百世"来煽动，也起了一定的作用。吕布决定又一次跳槽后，又一次杀死原来的老板，又一次兴高采烈地跳槽去了。

第二次跳槽之后，我们认定吕布喜欢美女外加虚名。看来，吕布想要的，还有抱得美人归，留名史册中。

然而，接踵而来的第三次、第四次、第五次和第六次跳槽，又不得不让人多次修正上述看法。

第三次跳槽，吕布到了袁术公司；第四次，吕布到了袁绍公司；第五次，吕布到了张杨公司；第六次，吕布到了张邈公司。这几次跳槽，吕布基本上充当了老板的鹰犬角色，尤其是在跳槽到袁绍公司后，帮助袁绍大破黑山张燕。投奔张邈公司后，为张邈征战，占据了曹操的后方濮阳城。

看来，吕布除了金银珠宝、美人美名，还喜欢厮杀征战。

吕布还有别的爱好吗？根据吕布的第七次跳槽，又有新发现。

吕布第七次也是最后一次跳槽就是到了刘备公司。当然，这次跳槽，只能说是名义上的。因为，吕布此时基本上算是够实力割据一方。谋臣有陈宫，武将有张辽、高顺等八健将。但是，吕布还自认是投靠刘备。虽说吕布鸠占鹊巢，反客为主，成了徐州的主人，终于独立于诸侯之间，但这次吕布没有杀掉原来的老板，反而还通过辕门射戟为前老板刘备解决了难题。

原来，吕布一边笑纳袁术的20万斛粮食，另一边又想在刘备面前充好人，才玩出辕门射戟的好戏。

由此可见，从最后一次跳槽中，我们发现吕布除了喜欢金银财宝、美人美名、厮杀征战之外，还喜欢得了便宜卖乖。

如此杂驳的目的，怎能专注做事？即使有如陈宫这样的一流谋士，即使有像张辽这样的超级猛将，吕布公司还是很快破产并关门大吉。

俗话说："马中赤兔，人中吕布。"这话只说对了一半。赤兔马，何其神骏！日行千里，恪守信义，留下赤兔之死的绝唱。但是，赤兔马又多么无辜，居然和吕布这种货色相提并论。就吕布的跳槽经历来看，其人既没有任何职业道德，又极其贪婪，金银珠宝、美女宝马、柴米油盐，真是来者不拒。职场上，吕布这种跳槽行为最令人不齿。为了物质利益，任意践踏基本职业道德。跳槽就跳槽吧，居然两次杀害前任老板，目的就是向新主子表功。当然，从公义的层面看，杀董卓的行为还是值得肯定的。但就吕布的个人职业道德素养来说，应该坚决对其批判。最可怕的是，最后一次跳槽的吕布居然硬生生从老板刘备手里夺走地盘。职场上的吕布可谓劣迹斑斑、臭名昭著。所以说，那句俗语应该改为："最美赤兔，最贱吕布。"

下面，开始分析成功的案例。

在成功的案例中，姑且分为两大类。一类是被动跳槽的，其实也算再就业。比如，张辽、太史慈、张郃、黄忠、姜维。

再就业的辉煌

张辽在吕布公司时，没有得到很好的使用，但跳槽到曹操公司后，可谓大显身手，论口才，一度让关羽归顺曹操公司；论业务，白狼山之役，斩杀乌桓首领蹋顿；逍遥津一战，打得孙权狼狈不堪，"这一阵杀得江南人人害怕；闻张辽大名，小儿也不敢夜啼。"

太史慈原本也是无意跳槽，无奈刘繇公司实在竞争不过孙策公司。太史慈在归顺孙策前，神亭岭一战，和孙策打了个痛痛快快，二人近乎扭打。但是，太史慈跳槽后，还帮助新东家招揽了1000多人马，很有职业素养。后来，太史慈为孙策公司在平定江东之战中做出了很大贡献。

巧合的是，后来太史慈之所以重伤而死，就是因为在曹、吴合肥一战中中了张辽所埋伏的弓箭手的暗算。看来，各为其主的人才对待对手，大多冷血无情。

张郃的情况略有不同，他之所以跳槽，完全是因为袁绍公司的风气所致。原本张郃在袁绍公司时，表现很突出，曾经和曹操公司的张辽斗了四五十回合，不分胜负，引起曹操的注意。由于袁绍极其差劲的决策能力和比较欠缺的判断能力，加之袁绍公司中错综复杂的人际关系，张郃和高览被迫携手跳槽到曹操公司。曹操给予二人的跳槽行为很高的评价，认为如果二人不来投奔，袁绍未必会失败，二人来投奔，就像微子离开殷纣王，韩信归属汉高祖一样。

张郃在跳槽到曹操公司后，确实做出更大的业绩。其一，在曹操公司和马腾公司争夺西北的战斗中，张郃功不可没；其二，在曹操公司和刘备公司逐鹿汉中的进程中，张郃出力甚多；其三，也是最重要的，在对付诸葛亮北伐时，张郃已然成为诸葛亮的眼中钉、肉中刺，直到后来诸葛亮在木门道设下埋伏，万弩齐发，才除掉张郃。

张郃的能力不仅得到同事们的认可，诸如陈群、郭淮，就连对手包括刘备、诸葛亮也不敢小觑。如果张郃不跳槽，恐怕未必有这样的好评。因为，在袁绍公司，他根本没有施展的机会。

黄忠和姜维比起前面三位，既有相同的情况，比如都是被俘获，也有不同的情况。

黄忠被迫跳槽之前是曹操公司长沙分公司的中层，而姜维不过是曹操分公司（掌门人已经是第三代曹睿）天水分公司的小职员。可是，这二人能力可都很强，黄忠武艺绝伦，姜维更是文武双全，尤其是姜维，竟然能几次识破诸葛亮的计策。二人之所以

跳槽

都跳槽到刘备公司，就是因为曹操公司实在太强，竞争也激烈。就算很有能力，但尤其是在后期，没有门第和关系，很难有所作为。黄忠虽说有能力，但可能是当时年届花甲，因此不在被提拔人选之列。姜维属于偏远地区的职员，因而没有引起曹操公司高层的重视。因此，这二人不约而同地选择跳槽到更有发展的刘备公司。

黄忠后来在定军山有点走运，乘着夏侯渊轻敌而将其斩首，攻下定军山，借此位列蜀汉五虎大将，和关羽、张飞、赵云、马超同列，将魏延挤出五虎之列。姜维呢，更是取得了大成就，成为诸葛亮的继任者，刘备公司（掌门人是第二代刘禅）的全权CEO，也算成就一番大事业。

所以说，充分考虑原公司现状和目标公司的前景，并将二者综合统筹，是一个合格乃至优秀的跳槽者的必修课。

另一类就是完全自主的跳槽行为。

老板眼里的好员工

徐晃，跳槽始发站是杨奉公司。杨奉公司规模不大，也没有什么发展前途，关键是掌门人杨奉的能力见识都很平庸。曹操在和杨奉对阵时，发现徐晃居然能和自己坐下猛将许褚大战五十回合不分胜负，就有了挖墙脚的心思。曹操亲口告诉众谋士，说杨奉和韩暹根本算不上什么，只是杨奉手下的徐晃，人才难得。

恰巧，曹操公司有一位叫满宠的员工，和徐晃有一面之交。随后，满宠没费太大力气就说服徐晃跳槽到曹操公司。值得一提的是，徐晃的职业道德水准很高，当时满宠撺掇徐晃干脆杀了杨奉去讨好曹操，有点类似李肃挑唆吕布杀丁原而讨好董卓。然而，徐晃断然拒绝，义正词严地说道："以臣弑主，大不义也。吾决不为。"

同样是跳槽，吕布为了讨好新主子，不择手段；徐晃却是有所为有所不为。有时候，道德修养决定业务水平。后来，徐晃为曹操公司做出了莫大贡献，剿灭吕布、平定袁绍、击溃马超、收

166

服张鲁、围攻关羽，无一不凝结着徐晃的血汗，这足以证明徐晃的能力超群。曹操曾经高度评价徐晃具备汉朝名将周亚夫之风，甚至认为徐晃的用兵能力堪比古代司马穰苴和兵圣孙武，虽说有点夸大，但足见其对徐晃的喜爱程度。

更突出的是，徐晃为解樊城之围而对阵关羽。由于之前关羽曾经和徐晃并肩作战过，徐晃和关羽颇有私交。然而，徐晃和关羽客套性地叙旧之后，突然大叫："若取得云长首级者，重赏千金！"接着，徐晃向一脸惊愕的关羽解释道："今日乃国家之事，某不敢以私废公。"说完，就开始和关羽性命相搏。这才是典型的职业精神。

徐晃即使决定跳槽，也绝不至泄露原来公司的商业秘密，坚决不杀杨奉正是表现了这一点。即使和某人私交再好，但也绝不会因私废公，和关羽大战樊城就是这样表现的。

像徐晃这样的员工注定是老板眼里的好员工。

宽容的丰厚回报

甘宁，年轻时干过没本钱的买卖。他当强盗都与众不同，身上戴着铃铛，生怕别人不知道强盗来了似的。更有个性的是，甘宁拿西川织锦用作自己贼船上的帆，人们纷纷以"锦帆贼"称呼。后来，甘宁洗手不干，正式跨入职场，他的跳槽始发站是刘表公司。显然，刘表的领导者个人魅力不能折服甘宁，甘宁就想跳槽到东吴孙氏集团。巧的是，刘表公司夏口分公司的负责人黄祖将甘宁留了下来，至于甘宁为何会留下，原因不详。只是让人奇怪的是，甘宁在黄祖的分公司里干出不错的业绩，击退东吴进攻，射杀了东吴大将凌操，可黄祖竟然还看不上甘宁，一直纠结甘宁的强盗经历。

实在待不住的甘宁毅然选择跳槽孙权公司。甘宁的跳槽不仅深思熟虑，而且行事方式还很稳妥。毕竟射杀过孙权的大将，甘宁先投奔孙权的部下吕蒙，托吕蒙先去探询一下孙权的口风，在得到孙权的欢迎态度后，才跟着吕蒙晋见孙权。于是，甘宁开始自己新的职业生涯。

需要提及的是，甘宁是一个恩怨分明、快意恩仇的人。在孙权攻打江夏的战斗中，甘宁亲自射杀一贯看不上自己的黄祖。当然，这和吕布杀丁原而讨好董卓是截然不同。吕布是跳槽之前突然发难，而甘宁是跳槽之后两军对垒时各为其主。但是，对于提携过自己的苏飞，甘宁却着实报答一番。苏飞是黄祖的手下，不止一次向黄祖推荐过甘宁，但黄祖都置之不理。黄祖兵败身亡后，苏飞被孙权一方俘虏，原本孙权已经下令要将苏飞处死，来祭奠自己父亲。可是，甘宁不顾一切地向孙权哭诉，情愿用自己的官职为苏飞抵罪，而且还愿意用自己的人头为苏飞担保。这样的义气感动了孙权，也赢得了孙权公司不少人的尊重。

甘宁优点很多。论勇，特别能冲锋陷阵，在攻打皖城的战斗中，甘宁身先士卒，冒着敌方的箭羽和石头，手持铁链，爬上城头，大大鼓舞了己方的士气，为孙权一方攻下皖城带了个好头。甘宁曾经率领一百骑兵偷袭曹操大营而无一人伤亡，为此，孙权满意地赞道："孟德有张辽，孤有甘兴霸，足以相敌也。"论谋，甘宁关于建议孙权如何谋定天下的计划也颇有几分诸葛亮隆中对的水准。

甘宁当然有缺点，就是粗鲁、残忍，意气用事。不过，甘宁善于带兵，士兵们都很爱戴他。而且，甘宁胸怀宽广，用实际行动感化了之前被自己射杀的凌操之子凌统，和这个有杀父之仇的青年将军结为生死之交。

由此来看，孙权很善于利用人才的长处而不去纠结人才的短处。这一点，刘表和黄祖都是无法与之比肩的。可以说，是昏庸的刘表以及无能的黄祖将甘宁拱手相送给了孙权。当然，甘宁之所以能在孙权公司大展拳脚，主要还是得益于老板的无比宽容。试想，甘宁就是从和自己有杀父之仇的江夏公司跳槽过来的，孙权对此能没有主观情绪？甘宁又射杀过自己的爱将凌操，况且凌操之子凌统也是自己的得力干将，宽容甘宁需要下多大决心？由此可见，宽容不仅是美德，还会有丰厚的回报。如若不是老板的宽容，这么优秀的员工指不定花落谁家呢。

少年赵云之烦恼

如果说非要选出一位"最深思熟虑跳槽奖"得主，那么，获奖者非赵云赵子龙莫属。

赵云的跳槽始发站是袁绍公司。那时候的赵云还是一位少年将军，但一登场亮相，就出手不凡。那还是在群雄割据早期，公孙瓒公司和袁绍公司火并的时候。公孙瓒手下四员健将一起上都打不过袁绍手下的文丑一人，公孙瓒自己也被文丑追得狼狈不堪。就在这时，赵云现身，以区区少年之力和文丑大战五六十回合不分胜负，能力确实很强。为此，赵云深获公孙瓒青睐，从而也就从袁绍公司跳槽到公孙瓒公司。赵云原话是这么说的："某……本袁绍辖下之人，因见绍无忠君救民之心，故特弃彼而投麾下，不期于此处相见。"

但是，赵云在公孙瓒公司干了两个多月，就看出公孙瓒没什么进取心。在和刘备告别时，赵云闷闷不乐地说，我之前还以为公孙瓒是英雄，一见其人，才发现和袁绍是一路货。当时刘备虽说也很看重赵云，但碍于公孙瓒毕竟是自己前辈，所以不敢挖墙脚，只好劝赵云先在公孙瓒处委屈一阵。

随后，刘备曾经为解徐州之围，向公孙瓒借过兵，捎带一块儿连赵云也借走用了一回。其实，刘备这一次已经有招揽赵云之意，但一来刘备那时实力太弱，自己都觉得拿不出手，因而没有直说。另外，赵云也不是很痛快的人，担心刘备公司没什么前途，所以也就没有明说自己想跳槽。就这样，赵云又一次和刘备挥泪告别。

机缘巧合，公孙瓒公司被袁绍公司兼并后，赵云实在不愿意再回袁绍公司。于是，赵云开始游走于人才市场内外。终于，在伏牛山一带，赵云又和刘备巧遇。赵云经过很长时间的思考、对比和选择后，终于决定跳槽到刘备公司。赵云自己是这样解释的：公孙瓒不善于采纳合理化建议导致公司被兼并，而兼并者袁绍公司却几次想录用我，我觉得袁绍公司虽说规模很大，但没什么前途。我早就想到贵公司工作，但无奈贵公司的办公场所总不

跳槽儿

固定使得我一直没找着，至今，我也一直在寻找贵公司。今天终于找着了，真是很高兴。

刘备自然求之不得，但赵云还有话说。赵云接着声明：我四处奔波，比较了很多老总，觉得还是刘备刘老板是个人物。好了，我不再挑挑拣拣，就跟定刘老板了！

赵云的两番说辞看似轻描淡写，实则大有深意。

先拿公孙瓒当反面教材，委婉地警告刘备不要步其后尘；又明确自己也选择老板，老板和求职者是双向选择。更重要的是，赵云暗示刘备：你们公司只能说是瘸子里挑将军，还不能说是最好的。你们公司要是不让我满意，我有可能还会跳槽。

此时的刘备还没有做大，还是以皇叔身份拿赵云当亲弟弟，再加上后来长坂坡"摔孩子秀"，赵云自然铁了心，不再有跳槽的想法。

其实，马超、魏延之辈，从能力上看，也都不亚于赵云。但无奈马超、魏延跳槽的时机不如赵云。赵云买的是原始股，马超、魏延投的是绩优股。招聘赵云时的刘皇叔仅仅是刘备，但录用马超、魏延时的刘备已然是刘皇叔。或者可以这么理解，对于关羽、张飞、赵云、诸葛亮这样的人，刘皇叔就是平易近人的兄长刘备；但对于马超、魏延这样的人来说，刘备可是有着天潢贵胄身份的刘皇叔。赵云享受皇叔兄弟的待遇，而马超、魏延只有大汉皇叔臣民的待遇。二者可谓天壤之别。

总之，赵云是一个非常有头脑并且很现实的跳槽者。在刘备居无定所时，赵云宁肯在公孙瓒处暂时栖身，也不肯轻易接受大汉皇叔的忽悠。但一旦公孙瓒公司倒闭，赵云一看横竖都是流浪，那就跟着大汉皇叔这杆大旗流浪吧，多少能碰碰运气。其实，如果袁绍不很计较出身和名爵的话，赵云兴许会为袁绍卖力工作。无奈，袁绍在虎牢关前就非常鄙夷关羽马弓手的职位，又一听说刘备有皇叔身份便前倨后恭。所以可以这么推断，赵云的出身必定不是什么官宦之家，因此，赵云明白在袁绍公司几乎没有升职的空间。颜良、文丑、张郃、高览甚至淳于琼等人，已经各自将重要职务占完。袁绍公司都已经成了铁板一般的阶层，新人休想再去分一杯羹。

三
国
猎
头

明智且现实的赵子龙，终于跳槽到刘备公司，成就了一代名将赵子龙。赵云跳槽，获得了圆满的成功。

武将跳槽，气贯长虹；而文士跳槽，却谨守中庸。下面分析两个文士跳槽的案例。

寻找魅力老板

荀彧，属于名门世家，父辈中兄弟 8 人，在当时就有"八龙"的称号。荀彧有一个哥哥荀谌，在袁绍公司任职。荀彧本人本来也是在袁绍公司任职，只是经过观察，荀彧认为在袁绍公司没有什么前途，就跳槽到曹操公司。奇怪的是，荀彧跳槽，并没有和哥哥荀谌一起。如果荀彧认定在袁绍公司没出路，为什么不说服哥哥一起走？也可能荀彧游说过哥哥，可荀谌不听。但也有可能荀彧在跳槽时对曹操也不太了解，所以就没打算让哥哥去。看来，荀彧行事，的确稳妥。

不管怎样，荀彧的跳槽还是很成功。荀彧不论是为曹操举荐人才还是帮助曹操谋划大政方针，都做出很大贡献。像程昱、郭嘉这样的超级谋士，都是荀彧直接或间接推荐。而挟天子以令诸侯的基本路线，也是荀彧提出的。更为重要的是，由于荀彧在袁绍公司干过，因而对袁绍公司比较了解，所以在官渡之战中坚定了曹操必胜的信心。恰恰是官渡之战的胜利，使得曹操公司吹响了占据河北的号角，曹操公司由此做大做强。

曹操曾夸奖荀彧是自己的张良，但根据荀彧的表现，还不止于此。荀彧和程昱一起，在曹操远征徐州时，设计拼命保住了鄄城、东阿和范县，使得吕布没有完全占据曹操的兖州和濮阳，这样的功劳简直可以和汉高祖时的萧何媲美。所以说，荀彧一人，兼具了张良、萧何二人的优点。

虽说后来荀彧因为和曹操有了不同看法后郁郁而终，也有一种说法是曹操逼死了荀彧，但荀彧的跳槽行为还是正确的。否则，荀彧可能也会和自己的哥哥荀谌一样，在袁绍公司破产后不知所终，默默无闻。当然，时势造英雄的同时也是英雄造时势，如果荀彧不跳槽，兴许曹操公司的发展不会那么顺利。但无论如

跳槽记

何，对于荀彧本人来说，离开袁绍公司而到曹操公司，是最佳的选择。

论当时形势，河北袁绍的实力远远强过兖州曹操。哥哥荀谌曾经为袁绍公司占据幽州出过不少主意，但荀彧在袁绍公司时并不显山露水。这说明荀彧一直在寻找一位更具人格魅力的老板，一个公司的前景如何，和老板的人格魅力息息相关。性格决定一切的道理，荀彧心知肚明。

和前老板成了同事

贾诩的职业经历比较丰富。贾诩的跳槽始发站是董卓公司，董卓在世时，贾诩默默无闻，只是一名普通谋士。大概是因为董卓公司在当时的实力处在绝对优势，其他公司绑到一起都很难参与竞争，所以也不需要贾诩出谋划策。但董卓死后，贾诩的作用就显现出来。

王允用美人计除掉董卓后，李傕等人逃回西凉，专门书面请求王允赦免，但王允不同意。李傕等人很害怕，想解散队伍各奔前程，贾诩终于出场。贾诩劝道，如果大家真的解散各自逃命，恐怕一个小捕快都能捉住你们，倒不如大家团结起来，召集军马，杀入长安，或许是条出路。李傕等人如梦初醒。于是，李傕公司宣告重组成功，贾诩自然而然就成了李傕公司的首席策划。

但李傕毕竟成不了大事，其间，由于李傕和郭汜闹分裂，使得汉献帝的日子都不好过。而贾诩经人推荐，也有点想跳槽到大汉公司的意思。可那时候的大汉公司是个空架子，贾诩自然明白这一点，所以贾诩没有实施跳槽行为，而是暗中建议大汉公司给李傕、郭汜制造了点麻烦。当趁着杨奉、韩暹、曹操和李傕、郭汜争夺汉献帝时，贾诩找了个机会离开李傕公司，却没有立刻跳槽，而是在回到故乡一段时间后，跳槽到张绣公司。

张绣公司的前身是张济公司，而张济又是和李傕、郭汜一类的行伍之人。张绣对待贾诩，可谓礼敬有加、言听计从。因此，贾诩也一直在为张绣出正主意。贾诩很看得清形势，他知道张绣不是曹操的对手，就劝张绣干脆将公司合并，由曹操公司来吸收合并，这样是最优选择。张绣最终也采纳贾诩的这个建议。令人敬佩的是，当时曹操发现贾诩很有能力，提出想让贾诩跳槽，但贾诩认为张绣对自己很好，婉言谢绝。可见，贾诩还是很仁义的。贾诩身上，有那种读书人的中庸之道，所谓君子之道，温润如玉。

但命运似乎还是想让曹操彻底领教一下贾诩的实力。曹操忽然起了色心，居然霸占了张绣的婶子。这种行为让张绣十分难堪，张绣要报复。

张绣还是问计于贾诩，贾诩依然是不紧不慢，一步步地给曹操编织着死亡之网。在贾诩的策划下，曹操最喜爱的将领之一典韦壮烈牺牲，曹操的长子曹昂、侄子曹安民战死，曹操在这次宛城之战伤得不轻。

曹操当然是快意恩仇，再加上张绣公司有点想和刘表公司联手的意思。曹操又开始进攻张绣。

在这一轮较量中，贾诩多次看穿曹操的用意，使得曹操十分被动。而且在刘表和张绣想趁乱追击曹操时，贾诩预言，如果追击，必然失败。刘表和张绣不听，果然失败。但贾诩却又一反常态，建议刘表和张绣再次追杀曹操，刘表不信而没有参与，但张绣采纳了建议，结果果然如贾诩所预料的那样，张绣居然赢了一阵。看来，论起斗智，曹操还真不是贾诩的对手。

但是，贾诩的跳槽目的地似乎是注定的。曹操又一次招降张绣，而袁绍也同时派使者来招降。在当时，袁绍的实力要强过曹操，可贾诩却一反温文尔雅的常态，将袁绍的招降书信撕了个粉碎，还把使者给骂走了。这让一贯言听计从的张绣都摸不着头脑。张绣问道："方今袁强曹弱，今毁书叱使，当如之何？"贾诩却冷静地建议张绣投奔曹操，并阐述了自己的理由。最终，贾诩带着自己的前老板，成功地跳槽到曹操公司。

贾诩之所以选择还处在弱势的曹操而放弃处在强势的袁绍，是经过周密分析的。贾诩分别从宏观形势（曹操挟天子以令诸侯）、中观形势（曹操弱于袁绍，所以更欢迎新加入者）乃至微观形势（曹操为了事业不记旧怨）作了分析，使得张绣由衷地赞同。

跳槽记

此后，在曹操公司，贾诩展现了他特立独行的智慧和放眼全局的眼光。西凉平定马超一战，就是贾诩建议曹操离间马超和韩遂，从而取得胜利。而最精彩的就是当曹操为究竟选择哪个儿子当继承人而困惑，请教贾诩时，贾诩却玩深沉，故作沉思状。当曹操追问时，贾诩却突然说，我在想刘表和袁绍的事呢！曹操一下子豁然开朗，哈哈大笑。于是，曹操不再像刘表和袁绍那样废长立幼，而是规规矩矩地按照当时的规范标准处置家事。

应该说，贾诩继承了儒家很多的传统。比如，他非常不赞成兄弟不合，回绝袁绍时的理由就是因为袁绍和自己兄弟袁术都钩心斗角。在曹操选择继承人时也不支持让兄弟相争。更重要的是，贾诩秉承了儒家那种君子不党和"慎独"的风骨。在曹丕和曹植为继承人之位而争得如火如荼时，贾诩从不介入，也不让自己的家人介入。贾诩的中庸之道，不仅用在跳槽上，还贯注在整个为人处世之中。

带着老板一起跳槽，贾诩也算开创了一个先例。

说起跳槽，在整个《三国》中，不得不提到一个人，此人的跳槽热情和跳槽能力，可谓炉火纯青、登峰造极，完全可以担当"三国跳槽王"的称号。

此人就是刘备刘玄德。

打工皇帝

刘备公司的原始积累很不易，靠着屠宰个体户张飞的全力支持，才有了点初始资本，但远远不够。所以，刘备就为公司定下了一套"集体跳槽计划"，即先借助他人的力量，等有了一定资本后再自立门户。

刘备从拉队伍之初，就带着兄弟们集体跳槽到幽州刘焉公司，然后辗转到了卢植公司、朱儁公司，后来因殴打政府官员而被通缉，躲了一阵子后，又先后跳槽到刘恢公司、刘虞公司、公孙瓒公司。这一时期，刘备公司一直没有做大，直到有机会扛着公孙瓒的旗号，才有资格参与十八路诸侯讨董卓的行动，这才算有了一个真正展示自我的平台。虽说关羽温酒斩华雄于前，哥仨

三国猎头

儿三英战吕布于后，可盟军毕竟是个临时联合体，行动结束后，又各自回到自己的地盘，刘备公司还是没有能够做大。

当曹操为报父仇而讨伐陶谦公司时，刘备认为机会不错，就想出面调停，好提高自己公司的声望。也是刘备运气好，正好吕布公司也想创品牌，客观上牵制了曹操公司，刘备居然成功地让曹操暂时罢兵，为此，刘备理所当然地跳槽到陶谦公司。

自从完全控股陶谦公司后，刘备公司也算混出点名气。可是，自身实力的局限使得刘备又带着兄弟和部下多次集体跳槽，要么被吕布公司鸠占鹊巢而不得不依附吕布，要么是为了除掉吕布又跳槽到曹操公司。可合力兼并吕布公司后又因为和曹操公司分赃不均而不得不跳槽到袁绍公司。在袁绍公司没什么进展就又跳槽到刘表公司。而赤壁之战中所谓的孙刘联军基本上是以孙权为主，刘备的军师都被派驻到东吴长驻，刘备几乎是跳槽到孙权公司。

但是，刘备自从跳槽到陶谦公司后，每一次跳槽都能取得不小的进步。在陶谦公司得到了地盘，从吕布公司博得可怜，从曹操公司验证了皇叔身份，在袁绍公司收获赵云，从刘表公司得到诸葛亮，最后和孙权合伙做买卖时，更是收获远远大过付出。

最终，刘备还本着跳槽的精神，打着为刘璋公司临时打工的旗号，终于占据西川，从而确立三足鼎立的局势。至此，刘备的身份终于从求职者变成真老板，可谓超级华丽转身。

可以说，"跳槽王"刘玄德的发家史也是一部应接不暇、乐此不疲的跳槽史，而且还都是带着兄弟、部下集体跳槽。

至此，有关《三国》里跳槽的案例分析就到此为止。对于有意跳槽的职场人士来说，可以有包括并不限于如下启发：

一、一定要结合自身实际情况来跳槽。

二、跳槽时，一定要认真分析目标公司的详细情况、远景规划和未来趋势。

三、大公司未必是跳槽的好去处。

四、跳槽一定要讲职业道德，绝不能通过损害原公司利益的行为来讨好新公司。

五、有些公司的表象很具欺骗性，要仔细甄别。

六、跳槽时不要总是想面面俱到，综合评价取分数高的公司为目标公司。

七、对于怀着学习目的的跳槽者，公司要小心了（此条属于用人单位专用）。

以上七条纯属抛砖引玉，相信有心人还能从《三国》中发现更多的心得体会。

纸糊的经典

借用《红楼梦》里的一句话来说，《三国》里是"乱哄哄你方唱罢我登场"，经典的好戏的确不少。

君不见，温酒斩华雄，煮酒论英雄；诸葛亮舌战群儒，祢正平击鼓骂曹；群英会蒋干中计，柴桑口卧龙吊丧；等等。好戏实在是数不胜数。国粹京剧都以此开发出很多唱段，流传甚广。

确实，这些经典好戏绝大多数名副其实，但有那么几处却说不过去，足可以"颠之倒之，倒之颠之"，甚至可以说简直就跟纸糊的一般，一吹就倒。下面一一道来。

第一处：三英战吕布

18 家公司联合搞活动，意欲把董卓公司清理出市场，无奈董卓公司有一位超级业务骨干吕布吕奉先，此人素有"马中赤兔，人中吕布"之称，论业务能力在当时应该是无人可比拟。有他在虎牢关分公司一夫当关，其他人是万夫莫开。

方悦、穆顺、武安国等几位号称白领精英的中层干部一一单挑吕布，非死即伤，真是蚍蜉撼树。

公孙瓒公司的当家人公孙瓒本人就亲自和吕布切磋，没几下，就被追得满地跑。

当时还是一名基层小员工，职务还是步弓手的张飞迎了上来，和吕布比画起来，表现还行，五六十回合后，难解难分。

这时，另一位基层小员工，职务是马弓手的关羽上来帮忙，二人一起和吕布鏖战，形成了夹攻，还是个平手。

当时还是低级干部刘备也加入战团，三对一，还是和吕布打成平手。四人又僵持一阵，以吕布先收手而结束战斗。

这就是后来广为传诵的"三英战吕布"。据说当时所有观战的看客都看得呆了。

可仔细想想，观战的为什么发呆？很有可能是为刘、关、张三人竟如此明目张胆地犯规而发呆！为何呢？按照当时战斗的规矩，单挑就是一对一，三个打一个，无疑是犯规。如果前面几位中层干部也一起上，可能也未必会输给吕布。

最让人疑惑的就是人多的打人少的，还被称"三英"，着实费解。后世还津津乐道，大概是认为吕布的人品不好，而刘、关、张三人的人品好之故。

可是，既然是竞争或比赛，就要看实力、看表现，事实上确实是吕布的业务要强过刘、关、张三人。所以，考虑到刘、关、张三人也非等闲之辈，这出戏叫"一英战三雄"或许更客观一点。直白点说，就是仗着人多，三个欺负一个，枉称英雄也。

第二处：华容道

有一种益智玩具，名字就叫华容道，类似一种棋，得用尽可能少的步数把体积最大的代表曹操的棋子走出来，四员大将加关羽以及四个小卒都给曹操棋子设置障碍，据说世界记录不超过一百步就能完成目标。

在《三国》里，诸葛亮把为数不多的刘备手下的员工调度得非常有效率，具体的每一步都算到了，包括曹操每一步的逃跑路线，这次"痛打落水狗"的活动可谓算无遗策。

可让人纳闷的是，诸葛军师明明知道关羽有可能会放曹操一马，但还是对关羽委以重任，让他负责最后一"棒"，在华容道活捉曹操。这出好戏就是"华容道"。

然而，仔细分析，这出戏完全可以换个唱法。

诸葛亮不需要做太多调整，张飞和赵云还是该干什么就干什么，否则，就不太容易把曹操赶到华容道。考虑到刘备公司缺乏人手，可以把原本安排捡拾军用物资的刘封、糜竺、糜芳三人交由刘备带领，代替关羽埋伏在华容道。而让关羽在华容道旁边的大路埋伏，让关羽以为曹操会从那里走，这样，既让关羽感到自己受信任，还不耽误活捉曹操。

其实，曹操当时到华容道后只有300名左右的残兵，而且其余大将包括战马都无力再战，哪怕诸葛亮自己带1000名精兵，都足以把曹操一干人等活捉。但诸葛亮却让刘封等三人去收拾物资，大概是刘备公司在新野时银根紧怕了，所以赶紧趁火打劫一番。让刘备无所事事，也许是培养领导的架子，所以一并有意培养刘备大腿上的赘肉。

可是，如果真能活捉曹操一干人等，其意义不言而喻，要远远大于一些物资。没有活捉曹操，主要责任还在诸葛亮用人不当，如果华容道行动成功，历史会改写。至于诸葛亮信誓旦旦地说是因为看了星星而得知曹操命不该绝，可真够"无厘头"。所以说，华容道这出戏算不上经典好戏，属于唱砸了的戏。

第三处：单刀赴会

这一幕经典是发生在业务骨干关羽管理荆州的背景下。当时孙权公司的CEO鲁肃设计了一出"鸿门宴"，想骗关羽过来，好挟制其交出荆州地盘，如关羽不从，就将其杀害，进而偷袭荆州。

关羽自然明白鲁肃的用意，连干儿子关平都看出来了，劝关羽不要去，关羽却因为怕人家看不起，竟真去赴宴。

还好，关羽席间侥幸劫持鲁肃为人质，安然返回。这就是为人称道的"单刀赴会"。

其实，这个说法不够准确，关羽不是独自赴会，而是带着周仓和几个来自关西的贴身保镖一起去的，另外关平率领战船也在岸边遥相呼应。

实际上关羽本来就没有必要玩什么"单刀赴会"。因为，荆州地盘问题是个不容讨价还价的原则问题，没有商量的余地。而孙权公司的邀请可以认定是敌人的圈套，明知是圈套，还往里面钻，是否有点愚蠢？

当然，关羽本来不愚蠢，只是被所谓的虚名给迷惑了心窍，忘乎所以。楚汉相争时，项羽要求刘邦单挑，刘邦不但不接受，还理直气壮地说："大丈夫斗智不斗力，老子不玩这个！"后来，好像没谁笑话刘邦。

所以说，"单刀赴会"最好不要再列为经典，当个训诫人不要鲁莽的反面教材，倒还合适。

第四处：七擒孟获

诸葛武侯七擒七纵南王孟获，可能是比较火爆的一出经典好戏。不少武侯祠庙的楹联都引用过这个典故，诸葛亮对叛乱者的仁慈古今少有，还真有点"友谊第一，比赛第二"的竞技体育精神，但这是你死我活的战争。

诚然，诸葛亮要收服人心，以求不再有战争的出发点毫无疑问是正确的，但就七擒孟获整个过程和为之付出的代价来说，诸葛先生的尺度没把握好，就是三个字：太过了。

先看孟获为什么要造反，是因为刘备公司自己内部建宁分公司负责人雍凯为了自己不可告人的目的而煽动的，还有两个分公司的负责人高定和朱褒都参与叛乱。所以说，主谋还是自己公司的一些野心家，孟获是从犯，确实应该以教育为主，惩罚为辅；而对于主犯，当严惩不贷。

这一点，诸葛亮也确实处理得很好，先集中力量把自己公司的叛徒们收拾完毕，然后才带着大队人马，大约有 50 万基层员工，几十位中层干部，杀奔孟获公司的地盘而来。

再说与孟获战争的性质，由上可见，七擒孟获的地点是在孟获公司的地盘，因而可以认定是刘备公司侵略孟获公司，顶多是主动出击，来一次越境的打击恐怖主义的行动。这次行动的目的是摧毁恐怖主义的源头，使其不再复发，行动方针也是"攻心为上"。

接下来简要分析七次活捉孟获的情况。

第一次活捉孟获，他不服气，放了他没错，毕竟人家是自己地盘的行政兼精神领袖，为贯彻方针，放就放了。

第二次活捉孟获是孟获自己的手下一位叫董荼那的部门经理，联合其他一些在第一次孟获被擒的战斗后受过诸葛亮宽恕的、厌恶战争的中层干部，包括孟获的两名贴身侍卫，大家一起将孟获再次活捉，押解到诸葛亮处。

其实，诸葛亮从这次事件应该看出孟获公司大多数员工渴望和平，收服人心的目的基本已达到。如果孟获本人不服气，就不应该再给他抵抗的机会，可以把他带回成都，名义上说是教育他，其实是软禁，再帮助原来孟获的手下推举一位喜欢和平且亲近刘备公司的首领，这样，一切就基本就绪。

可事实上，诸葛亮似乎对孟获的兴趣更大一些，对其发挥了孔夫子诲人不倦的精神，再一次放走不知悔改的孟获。放就放吧，一向处事周密的诸葛亮竟然忽略立功的董荼那等人，结果让无辜的董荼那和阿会喃被孟获杀害并抛尸，很为二人鸣不平，二人可以说是为和平而捐躯的。

第三次活捉孟获是孟获和诸葛亮玩起计谋，向诸葛亮实施诈降计，那无异于在关公面前耍大刀，一下子计策被识破，自己又被活捉。

到了这里，诸葛亮应该明白孟获是个死硬分子，不能再放了。并且孟获的表现也不像以前那样诈诈唬唬，而是低头无语。本来是个收手的好机会，可诸葛亮却主动释放孟获。要说孟获此时已经没什么筹码，可既然被诸葛亮挤兑，也得再战，就拿金珠宝贝从诸邻居公司八番九十三甸换来了几十万雇佣兵，战争开始波及更多的无辜。

第四次活捉孟获是诸葛亮用陷阱计把孟获逮住，可孟获还是不服气，他似乎已经把住了诸葛亮的脉，那就是不会杀他。

诸葛亮仿佛也进入状态而不能自拔，还是将孟获释放，其他雇佣兵都受了优待，表示不再闹事，孟获又一次没有兵力。可他的一个和他一样顽固的弟弟孟优给自己哥哥介绍一个朋友，秃龙洞的朵思大王，孟获就暂时到那里躲避一时。

这边诸葛亮知道消息后，也向秃龙洞进发。由于大路被设置障碍加上孟获派兵把守，大军只好走小路，还有不少员工误饮毒泉之水，幸亏有高人送水送药，更神奇的是，这高士还是孟获的哥哥孟节。好运气不断，又有一位叫杨锋的大王打着帮孟获的旗号却把孟获活捉，送给诸葛亮。原来杨锋的子侄也受过诸葛亮的活命之恩，遂成就了第五次活捉孟获。

诸葛亮还是释放了孟获一干人，这次孟获也没法报复杨锋，因为人家的势力也不小。诸葛亮曾经想扶持孟获的哥哥孟节当南王，可能是诚意不够，孟节表示没兴趣。另外，还可以让杨锋当南王，无奈诸葛亮还是只认孟获。

于是，战争还得继续。第六次活捉孟获之战更是凶险，孟获的小舅子带来洞主、大驯兽师木鹿大王、孟获老婆祝融夫人外加毒箭、野兽都给诸葛亮大军带来不少麻烦，还是孟获又玩起假装被自家人逮捕的把戏妄图刺杀诸葛亮时，再次被识破活捉。

已经近乎于无赖的孟获还声称不服，诸葛亮就索性好人做到底，再放孟获一回。第七次活捉孟获的活动开始。

这一次只能用一个词来形容，那就是惨烈。因为孟获通过带来洞主推荐，请来乌戈国国主兀突骨以及他手下的 3 万藤甲兵来帮忙。也就是说，又把一些无辜的生命卷入战争。藤甲兵身上的藤甲是刀枪不入，箭射不透，渡水不沉，把刘备公司的员工弄得一筹莫展。诸葛亮只好拿出老把戏火攻，外加自己研制的新武器地雷，借助盘蛇谷的地形，把兀突骨及 3 万藤甲兵统统烧死，场景很是惨烈。连诸葛亮及其手下都直掉眼泪。剩下的孟获一干人就很容易就被生擒，这次诸葛亮连见都不见俘虏们，只是打发人通知孟获，可以再战。

一向厚脸皮的孟获终于想通，彻底服了。诸葛亮终于完成预定目标，凯旋而回。整个一出"七擒孟获"的好戏看似完美谢幕。

通过上述分析，很显然，自从第三次活捉孟获而孟获不服时，诸葛亮就应该考虑另立南王。因为孟获在当地已经很不得人心，可由于诸葛亮的错误决策，导致很多无辜的生命无谓牺牲，包括董荼那、阿会喃、木鹿大王、兀突骨等以及双方无数阵亡将士、被烧死的 3 万藤甲兵。

还有，为这七擒，多耗费了多少钱粮，用现在的话讲，多花了多少纳税人的钱。如果从第三次孟获还不要和平后就另立南王

三
国
猪
头

并软禁孟获，一样可以达到收服人心的效果。并且，刘备公司还可以向春秋时的秦穆公那样，西南的地可以耕种，西南的勇士可以驱使，西南的物产可以利用，这样，更有利于完成当时刘备公司的最高纲领——恢复汉室。可诸葛亮只满足于西南不再闹事而已。

可以理解诸葛亮行的是所谓仁义的"王道"，但在当时三足鼎立的社会条件下，集中人力、物力、财力而去消灭对手的"霸道"才是合时宜的。诸葛丞相在处理西南的问题上，有那么点迂腐。

还有，如果孙权公司和曹操公司趁机来犯，你刘备公司在完成"七擒孟获"的同时能应付得了？可以想象，机会风险和机会成本有多大。孔夫子在《论语》里也教育过学生，有些事情再一再二就行了，没必要再三再四，可诸葛亮都"再七"了。总之，"七擒孟获"，实在没有必要，顶多"三擒"，也就足够了。

说七擒孟获是纸糊的经典，绝无贬低诸葛武侯的意思。因为孔圣人在《论语》里还教导过学生，喜欢一个人要知道他的缺点，而讨厌一个人要明白他的优点。简单点说，就是"智者千虑，必有一失；愚者千虑，必有一得"。看待任何人或事物，理性和客观是必要的。

如此而已。

纸糊的经典

性格决定命运

有些人会认为，命运是由运气来决定的。确实，运气很重要，不少机遇也属于运气。但运气属于不可控因素，一个人能否成功，还要更多关注可控因素，至少性格可以算可控因素中重要的一个。性格决定命运的说法绝非空穴来风。

由于不少人都很熟悉刘备公司的五大业务骨干，即"五虎"上将，分别是关羽、张飞、赵云、马超、黄忠，因此，简要介绍五人的性格特点，不难看出，这五人自身性格和命运之间有一定的联系。

完美的关羽

先说关羽，他的性格特点可以用一个词总结，那就是完美。这里"完美"一词并非说他真的完美，而是关羽一生都在追求完美。

事情起源于 18 家公司合伙儿与董卓公司竞争时，关羽得到一个展示自我的机会。在温好的一杯酒还没凉的时候，关羽就除掉董卓公司的二号骨干华雄，这就是后来人们所称道的"温酒斩华雄"事件。

关羽的第一次舞台大亮相很完美，以至于形成他追求完美的习惯。后来偷袭曹操公司徐州分公司负责人车胄，也是一击中的。和大哥、三弟失散，被困在一个小山包上，本想宁为玉碎，不为瓦全。可是，经过好友同时也是曹操公司的骨干张辽的劝说，情况有些变化。张辽说，关羽要是死了会被天下耻笑，理由也很充分。于是，追求完美的关羽遂暂时归属曹操董事长。

当然，关羽还提出一个自欺欺人的说辞，只是投降汉朝，不算投降曹董。这个要求很幼稚，你想，你关羽本来就是为大汉皇叔打工，原本就没有和汉朝对立，何来投降汉朝之说？再说人家曹董还是汉朝的宰相，与汉朝也是一家。所谓只投降汉朝，不投降曹操，纯属唯美主义者的掩耳盗铃。

接下来的"千里走单骑"行动更是把"完美"演绎得淋漓尽致。独自一人外加几个随从，硬是带着嫂子们从曹氏地盘里走出来，按说几乎是不可能的。

其实，要是曹董存心为难，关羽是完不成这项壮举的。无论如何，完美的性格已在关羽身上定性，不好改变。

真是风水轮流转，曹董也有落到关羽手里的时候。赤壁惨败，在华容道，穷途末路的曹董和自己的残兵败将遭遇等候多时的关羽，这真是天赐良机。然而，"义释曹操"使得关羽再次名垂青史。如果俘虏或杀死曹董，历史将被改写。

对完美有着自己独到理解的关羽为何要放走曹董一干人？还不是怕天下人耻笑他关羽不仁义，那样就不完美了。

再有一次，长沙城外，遇上一个对手，就是原属刘表公司后成为曹操公司长沙分公司的一名业务骨干黄忠。二人交手，一百多回合，不分胜负。关羽本想先诈败，再用拖刀计将对手做掉，可黄忠的马不争气，在追杀诈败的关羽时掉了链子，黄忠被掀翻在地。这本是干掉敌人的一个好机会，可关羽很大度地让对手回去换马再战，很有风度。在你死我活的战争中追求绝对的公平，关羽很绅士。

刘备公司做大后，关羽成为总公司下属荆州分公司的负责人。当然，追求完美的性格依旧没有改变。孙权公司的大策划鲁肃策划了一个劫持关羽的计划，即邀请关羽吃饭，然后绑架他，逼他交出荆州地盘。虽说计划幼稚，关羽也一眼看出端倪，但为了不让人小觑自己，也可以说为了维护完美的形象，还是来了一出"单刀赴会"。幸亏是鲁肃更珍惜自己的生命，关羽才有惊无险，全身而退。

人名声太大也不好。有一个叫庞德的人非要挑战关羽的威

三
国
猎
头

名。此人本是西凉马超公司的，后因公司失散，经张鲁公司投靠到曹操公司，也可称得上是一名业务骨干。

关羽和他大战几百回合，不分胜负。不过庞德偷袭关羽一箭得手，微占上风。这一次关羽发挥自己的智慧，没有蛮干，而是借助天时和地势，人为制造洪水，把个北方强壮但不会水性的"七军"冲了个七零八落，活捉了庞德和于禁，就是后人津津乐道的"水淹七军"。

至此，关羽打出自己的威风，名震华夏，连曹操公司地盘内的不少强盗都表示要跟关羽混了，曹董也开始考虑转移公司总部以避关羽的风头。关羽的完美到了极限，将星的光芒已十分耀眼。

物极必反，关羽开始骄傲起来。人家孙权公司好意派诸葛亮的哥哥来提亲，孙权想和关羽做亲家，要儿子娶关羽女儿，孙、刘两家结秦晋之好，共同对付曹操公司。可关羽不但不答应，还出言不逊，对孙权进行人身侮辱，给自己埋下失败的种子。

本来，关羽的领导诸葛亮交代过关羽，要和孙权结盟一致对曹，不可两线作战，关羽却当耳旁风。再说，孙权的儿子还是配得上你关羽的女儿的，于公于私关羽都不吃亏。可完美的关羽似乎对东吴人士很歧视，不是说人家是老鼠，就是骂人家是狗。

还有一个小插曲，那就是关羽由于中了毒箭而导致右臂快要残废，幸亏有神医华佗主刀做手术，才保住胳膊。让人钦佩的是，手术过程中，没用麻醉药就直接开皮、割肉、刮骨、缝合，而关羽还和同僚们下棋、喝酒、吃肉，谈笑风生，这就是"刮骨疗毒"的神话。要说，只要是正常人，那样折腾不嫌疼那才怪，可关羽有完美的信念，竟然能挺得住，看来精神力量真是不可低估。

陷入两线作战的关羽被端了老窝，不得已败走麦城。孙权公司还是希望和关羽合作，又派诸葛亮的哥哥再次提亲加劝降，也许是诸葛瑾的口才不如张辽，又或许关羽认为再次投降就真得玩儿完。总之，洽谈最终宣告失败。

关羽在手下和义子的劝说下，开始突围。关羽也想留得青山在，可在选择撤退路径上，又认为自己勇敢而不怕埋伏，结果被生擒。孙权董事长也是犹豫再三，才给关羽一个了断，关羽也不是孬种，临死前还骂骂咧咧，成就了自己所认为的完美人生。

据说关羽还很喜欢读书，尤其爱看《春秋》，还曾经以书中掌故和大隐士司马徽讨论过。可实际上，关羽并没有把书读透，只是形式和皮毛而已。

要知道，《春秋》是什么书？是一部充斥着血腥、杀戮、野蛮、斗争的历史记载，把血淋淋、赤裸裸的父子、兄弟自相残杀当家常便饭，而关羽却只从书中吸取了忠义精神，实在是舍本逐末。春秋战国里宋襄公所谓的"仁义"和关羽不杀当时的劲敌黄忠何其相似？只是关羽运气好，黄忠也是个君子，所以投桃报李，没有射杀关羽。同样，因指挥"城濮之战"失利而羞愧自杀的楚国大将成得臣和关羽"大意失荆州"时的情景又何其类似！惜哉，关羽，读书读傻！美兮，云长，作茧自缚！

内秀的张飞

猛一看，内秀这个词不会和张飞沾边，可听如下分析，原有观点可能会有所改变。

不少人认为张飞出身屠户之家，一定是个大老粗，其实有失偏颇。按《三国演义》里介绍，张飞至少是个小资产阶级出身，以开饭馆为业，家里还有不少田产，是个很富有的人。还有传说，说张飞杀猪外号"张一刀"，即一刀都就能把猪杀死，如不死，就活活把猪捂死。那更是把想象中张飞的粗鲁给夸张化。就算张飞他家要杀猪，也轮不着他本人动手。为了证明张飞不是大老粗，姑且从几个战例说起。

第一个是刘备公司刚占据徐州市场时，曹董派两个懦夫刘岱和王忠来试探深浅。两个懦夫当然不是对手，关羽先活捉了一个，该张飞上场。可另一个懦夫死活不肯出战。张飞心生一计，故意殴打一个士兵，然后扬言要杀这个士兵，再故意把这个士兵放了，让其传递假情报，引敌人出来，最后生擒这个不肯出战的懦夫。事后，刘董直夸奖张飞聪明。

第二个是在长坂坡一战，张飞只带 20 个骑兵，需要挡住几万敌兵，怎么办？张飞又心生疑兵之计，让士兵们都在马尾巴后面绑上树枝，来回跑马，远处看来，烟尘弥漫，不知多少人马。然后，自己一个立在桥头，大喝了几声，还真把曹操的人马吓跑，真是有勇有谋。

第三个是张飞受命独自率领一军抢占刘璋公司的地盘，到了巴郡分公司，被一位业务能手严颜阻挡，几次叫骂，人家据险坚守，就是不出来。张飞又开始用智谋，故意传递假情报，扬言要绕过巴郡，还派人假扮自己，终于把严颜调了出来，再将其俘虏，拿下巴郡。值得一提的是，张飞还以很大的气度折服严颜，在这位老将军的帮助下，几乎是兵不血刃地占领后面的地盘，比另一路的诸葛亮大军还提前到达指定集结地点，让刘备、诸葛亮都对他刮目相看。

第四个是在和曹操公司名叫张郃的业务骨干争夺汉中地盘的战例。当时，两军在一个叫阆中的地方相持。张飞见张郃死守山寨不出，就天天酗酒，还在山前辱骂。消息传到刘董处，刘董很是担心，诸葛亮却笑刘董不理解自己兄弟的用心，反而给张飞送去几十坛美酒。并明告刘董，张飞必有奇招。果不其然，张飞连施妙计，先后拿下曹操公司三个据点外加一处隘口，大败张郃，让其步行逃跑，只剩了十几个随从。

综上所述，谁还能说张飞是大老粗？据记载，张飞的书法特别不错，尤其精于隶书。在上述第四个战例结束后，张飞还撰写纪念碑文，留在古战场，张飞的这一次挥毫泼墨曾经被清朝才子纪晓岚考证过，证明留下的摩崖石刻是张飞亲自书写的。

还有记载，张飞还挺善于画工笔人物画，不知是真是假。但可以断定，由于优越的物质条件，张飞应当受过良好的教育，只是外表比较生猛，容易让人误会。民间一句歇后语比较公允，那就是：张飞吃粉条——粗中有细。曾有一个张飞审瓜的故事，也是说张飞聪明。还有，张飞还曾帮助公司人事部门发现人才庞统，这也是张飞的细心之处。

内秀的人，多重感情。张飞开始一见刘董，备感投缘，就变卖家产，倾囊相助，支持大哥起事。得知关羽被害，日夜号哭，还逼手下两个偏将去完成不可能完成的任务，逼得二手下狗急跳墙，遂起杀心，将他戕害。可叹内秀的张飞，因难以割舍兄弟之情，痛不欲生而逼迫手下，惨遭杀害。如此窝囊的牺牲，让人甚感惋惜！

现实的赵云

赵云赵子龙，可是一位任何老板都很看重的好员工，但人家赵云却懂得双向选择，他也挑老板，是一位很现实的员工。当然，这里说的现实不是说赵云无情无义，而是说他非常理性，深谙良禽择木而栖的道理。

赵云原来是袁绍公司的员工，但发现袁绍董事长没什么大志向，即公司未来的前景不看好，就跳槽到公孙瓒公司，其间和当时也在公孙瓒手下的刘备认识，就互相仰慕。可是当时刘备还不是老板，赵云只好先在公孙瓒处屈就，和刘备分手前，就说本以为公孙瓒是英雄，却发现和袁绍是一路货色。刘备也只有安慰的份儿。

后来，刘备自己当老板，为了打名声，强替陶谦公司出头，借用过赵云，因此二人得以更加相互了解。事情完毕后，刘备和赵云再次挥泪惜别，这时，估计赵云就有再跳槽的意愿了，但对刚独立开展业务的刘备公司的前景还在观望中。

后来关羽"千里走单骑"，寻着刘备后，又巧遇赵云，原来赵云所在的公孙瓒公司已经倒闭，赵云无处容身，据他说，早想投奔刘备，之所以没实施，是有客观原因的。其实，应该是赵云还在犹豫中，但又找不到自己认为比刘备公司还合适的去处，正好又巧遇，也就先在刘备公司上班。

后在长坂坡一战，赵云舍命救下刘董的儿子阿斗，开始还被一个叫糜芳的蠢材误解为投降曹董，多亏刘董的自信，才不至于让张飞瞎搅和去。直至赵云把阿斗呈到刘备面前，刘董在确定阿斗无恙后，作秀般地把阿斗"摔"在地上，嘴里还念叨："为了这小屁孩儿，差一点把我的骨干给报销了！"当时，就把浑身是血（多是敌人的血）、疲惫不堪的赵云给感动哭了，从那以后，赵云才可以说铁定了心在刘备公司干一辈子。

这也得多谢曹董，要不是他爱惜赵云而下令不准放冷箭只可活捉赵云的话，恐怕赵云绝对回不到刘备身边。但不管怎么说，赵云是很敬业的员工，只要在公司一日，就好好干，临危不惧，兢兢业业。当然，得是他认为值得效劳的公司，在袁绍公司和公孙瓒公司时，赵云并非如此。

后来，赵云的表现更是可圈可点，被刘董评价"一身是胆"。诸葛亮也每每有重要任务，多是交给赵云完成，因为他可靠，尤其在借了东风后，安排赵云准备船只等候接应他，若让张飞干这差使，如若张飞酗酒误事，可就麻烦了。而赵云也是活到老，干到老，直到后来年纪大了，还不示弱，一人独自挑战曹操公司的五员韩姓大将（一家子，一个父亲加四个儿子），依然带领子侄辈的员工一起为公司兢兢业业地工作。

不过，曾经有一段，因为赵云的现实或者说理性，遭到过刘董的冷遇。事情是这样的：关羽被害后，刘董想为关羽报仇而准备全力和孙权公司火拼。而赵云认为，从大义出发，国贼是曹操而非孙权，作为有大使命的刘董应该先公而后私。但头脑发热的刘董不接受赵云的劝谏，还是准备发兵。经诸葛亮苦劝，稍微动摇了点，可张飞又来哭一通要为关羽报仇，刘董竟然少有地把诸葛亮再次劝谏的表章给扔到地上，态度很是恶劣。刘董是铁了心要拿事业来成就虚名，出兵之余，还破天荒地让赵云管后勤去，说明赵云的忠言让刘董不舒服。不过，赵云还是认真完成工作，关键时候，干掉追兵头领朱然，又挽救刘董一次，很让刘董惭愧。

做事业可以以感性的冲动为引子，但理性的操作才是不二法门。刘董忽略这一点，而曾经认为赵云不讲情义，真是冤枉赵云了，任何有绝对实力的公司，能有赵云这样的员工，是福气，是幸运，更是希望。赵云，现实得无可挑剔。

偏激的马超

马超，西凉人民，有少数民族血统。长得很漂亮，面白如玉，眼睛炯炯有神，形体也非常健美，祖上还是大汉伏波将军马援，可谓出身名门。业务也是一等一，17岁时就一仗干掉一个成年敌将并生擒一个。但由于个人经历，导致了马超偏激的个性。

先是父亲马腾因为谋杀曹董计划被泄露而被曹董抓住杀死，两个弟弟马铁、马休也一起遇难。马超当然不是孬种，带上全部人马，约上父亲的结义兄弟韩遂及其所带领的西凉八部人马，一起杀奔曹董的地盘，报仇来了。

开始是所向披靡，连攻下长安、潼关，在渭河一带和曹董对峙。要说西凉人马的战斗力，那是没的说，马超率领铁骑两次差点干掉曹董，一次是逼得曹董割胡子、扔袍子，在一棵树和弟弟曹洪的帮忙下才侥幸逃脱；再一次是差点在渭河上被马超指挥弓箭手射成刺猬，多亏虎将许褚舍命搭救。

但由于马超初逢大难，情绪不正常，被曹董的谋士们略施小计，就对结拜叔叔韩遂疑神疑鬼，再加上曹董接二连三的反间计，阵前就要和韩遂拼命。

其实，冷静想想，真要是韩遂和曹董联手，何必开始时就当着你马超的面勾搭？只能怪马超太偏激。在当时社会情况下，把别人想坏一点没错，但处事上一定要稳妥，毕竟你马超成了马家掌门人，而父亲和弟弟们又遇害，自己要成熟、冷静一些才好。可是马超的鲁莽行为被韩遂的部下理解成对韩遂的羞辱，进而成了韩遂真正投靠曹董的借口。可以说，是偏激的马超把韩遂逼到曹董这边。

再有，身为主帅，竟然同意和对方一个马仔级人物许褚决斗，直至撕打，实在太不以事业为重，这不是你显示勇敢的时候。如果再中了曹董的诡计而把自己折进去，值吗？

后来马超又借助羌兵的力量再次袭扰曹董的地盘，顺利拿下曹董的陇西市场，可对投降的人马安排处置不当。中层干部韦康真心投降，却被马超杀掉，而另一干部杨阜曾劝韦康不要投降，马超却留用。就是留用杨阜，恰恰成了养虎遗患。此人包藏祸心，联络几个同伙，趁着马超出去抵挡曹董大军时，把马超的妻子、三个孩子并至亲十余人在城头上砍死，还把尸首抛下城楼，这一切都是当着马超的面做的。这更使马超变得偏激。

马超再次被曹董打败后，流浪到张鲁公司，想东山再起，无

三国猪头

奈人际关系处得不好，不受信任。正是这种不信任导致张鲁最后把马超送给刘备董事长。以后，马超再没有什么大作为，或许是经过数次打击，麻木了。最后郁郁而终，年仅四十七岁就英年早逝，甚是可惜。

如果马超开始能以良好的心态干事业，会大有作为。当然，不管是谁，遭受那么大的打击，都很难过关，但作为英雄，只有超越大多数人，才算是英雄。综观马超几次处理事情的失误，皆偏激所致。

义气的黄忠

黄忠，的确够义气，他原来的直接上司韩玄对他很一般。在前面提到的黄忠和关羽的战斗中，因为报答关羽没有趁自己马失前蹄而杀自己，就故意没有射死关羽。为这，韩玄竟要杀黄忠。要不是魏延打抱不平，黄忠就危险了。

可是，当魏延要杀韩玄时，他黄忠还阻拦，虽说没拦住，也可见其够义气。刘董进长沙城后，招揽黄忠，态度很诚恳，黄忠被感动，但还要求刘董按礼节把韩玄下葬，让人钦佩。

在攻占刘璋公司地盘时，魏延和黄忠争功，但黄忠并未计较，还救过魏延一次。在和曹操公司争夺汉中地盘时，还不忘记提携另外一位老同事严颜，有功大家一块儿立，黄忠很大度。

关羽遇害后，黄忠不顾自己已经 70 多岁了，依然随刘董出战，见着杀害关羽的凶手之一潘璋，就大呼要为关羽报仇，一直追到很远，不幸被敌将，也是另一杀害关羽的凶手马忠冷箭射伤，被救回因年老体衰而死。

要知道，关羽曾经因为和黄忠一起被封"五虎将"时，大为恼火，说，张飞、赵云是自己弟弟，马超出身好，黄忠不过一老卒，不应该封"五虎将"云云，黄忠不可能不知道这话，但还是义无反顾地为关羽报仇，可见是真正的义气。

还有，黄忠的义气不像关羽那样死板。在和曹操公司的夏侯渊争夺地盘中，自己的手下陈式不慎被俘，黄忠也俘虏了对方的夏侯尚。于是，双方商议走马换将，交换战俘。这事要搁关羽，一定按规矩办，可黄忠对敌人就有点玩阴的了。当按照规则，各自的战俘跑回自己阵营后，黄忠却射了夏侯尚一记冷箭，虽没把其射死，倒是把夏侯渊气个够呛，为以后力斩夏侯渊开了一个好头。

总之，黄忠的义气很是地道又不乏死板。如果华容道的事情让黄忠遇上，即使他以前受过曹董的恩惠，也不会放过曹董，对黄忠来说，"桥归桥，路归路"。

通过上述五虎将的性格分析，不难看出，比之性格带来的结局来看，运气对于命运的影响就微乎其微。如果说人生中有一些所谓的改变命运偶然事件发生，那也可以说是一种必然中的偶然。形成这种必然的重要因素，就是性格。

后　　记

陈寿铁笔直书于前，罗氏精彩演义在后，加之后来的说书、唱曲、梨园、徽班甚至不少歇后语，《三国》已然成了中华民族沉厚文化积淀中最厚重的一部分。往大处说，开国之君可以拿来当行动指南；向小里看，平民百姓听着评书过日子；从古时讲，忠义关云长赤面长须秉忠义；按时尚来，多少款网络游戏吃定了这一部章回小说。

可以说，三国文化的角度之多，可谓"道可道，非常道"。不难发现，在众多角度中，其中有一个极其重要的角度万万不能忽视，那就是如何发现人才、选择人才、留住人才、使用人才。可以说，对于想事业有所成就乃至弘扬光大之人，人才，可谓"国之大事，死生之地、存亡之道，不可不察也"。

从人力资源角度看，人才来源于人力，而人力依托于人口。也就是说，一个真正的人才，是从众多人口中脱颖而出的。正是如此，发现一个人才的概率不是很高，这还没有考虑鱼目混珠、纸上谈兵等负面情况。所以说，人才，无论古今中外，莫道各行各业，都是焦点中的焦点。

为此，本书着重从《三国》中用人的角度结合当今企业选人、用人的现状来梳理成王败寇，总结成败得失，判断是非明暗，推演愚者千虑，以博古人智慧，明识人三昧。但凡能使若干人士多少有所收获，实乃作者之大幸矣！

本书缘起，应该说是有感于时下"大师"之风喧嚣，浮躁之气厚重，无论物质产品还是精神成果，似乎都在抢着上市。更有甚者，就连自古相传的文化，都要成为人人皆可发财的"金矿"。

诚然，文化需要发展，但文化要想发展却着急不来，就如同真正的大师需要潜心积淀，需要皓首穷经，需要"板凳须坐十年冷，文章不写半句空"的治学精神一样。因此，本着对伪大师们的不屑，本着对真正大师的敬仰，《所谓大师》最先写成。

随后，觉得有关人才的一些观点和看法，《三国》和现代社会居然有不少相通之处。于是，《成功人士的用人之道》、《性格决定命运》随之而来。

再以后，觉得曹操家族人才济济，而且，曹操治家有方，他的众多子弟总归是栋梁多过膏粱，干将胜过纨绔，《老曹一家人》也就写成。

同时，又觉得在《三国》里，不少人才除了具备很强的内功之外，自我推销的能力也很强。还有，不少人的口才真是可以和《战国策》里面的人物媲美，《三国好声音》和《谁有我能说》又相继出炉。

当然，看名著还是要有点批判精神。于是，《纸糊的经典》和《冰寒于水　青出于蓝》向思维定式挑战。

考虑到为数不少的血淋淋的用人教训，就以陈宫和吕布为典型，写出《不能合作，就是对手！》和《老板身边的人最危险》。

此外，有些公司或者组织多半会出现"鸡多不下蛋，龙多不出水"的协作不畅问题，《究竟听谁的》结合袁绍、曹操两家的组织协调得失对这个问题进行剖析。

对于有创业梦想的人来说，第一桶金的获得方式比较受人关注。《如何获得第一桶金？》从《三国》里挑出一些野心家，对他们的发家史和成败得失进行分析。

最后，对于当今但凡有点事业心或者说雄心壮志或者说野心的雇员来说，跳槽是在所难免的。《跳槽记》专门就《三国》人物的跳槽行为进行细致梳理，或许能对现在的跳槽者有所帮助。

《人马情未了》、《冷艳锯传奇》两篇，则完全是对好马的歌颂和对青龙偃月刀的赞美，看似和人才关系不大，但一来千里驹向来是优秀人才的象征，二来有"工欲善其事必先利其器"的道理，所以这两篇的加入，应该不会影响本书的成色。

本书不敢自诩是什么上乘之作，但绝对是作者抱着"战战兢兢，如履薄冰"的心态认真写就。本书的目的就是抛砖引玉，希望对真正喜欢人才的人和真正的人才有所裨益。本书不可能是字字珠玑，但应该说有些亮点。但愿这些亮点能够对于人们某些习惯性错误认识起到"一灯能照千年暗"的微弱作用。

　　本书能完成，要诚挚感谢我的妻子。不论是在本书的构思创意上，还是在本书的行文风格上，她的意见起到了很大的作用。

2013 年 6 月于北京程宅

后

记

图书在版编目（CIP）数据

三国猎头/程飞著．—北京：经济管理出版社，2014.1
ISBN 978 - 7 - 5096 - 2686 - 3

Ⅰ．①三…　　Ⅱ．①程…　　Ⅲ．①企业管理—人力资源管理—通俗读物　　Ⅳ．①
F272. 92 - 49

中国版本图书馆 CIP 数据核字（2013）第 247113 号

组稿编辑：杜　菲
责任编辑：杜　菲
责任印制：黄章平
责任校对：超　凡　王纪慧

出版发行：经济管理出版社
　　　　　（北京市海淀区北蜂窝 8 号中雅大厦 A 座 11 层　100038）
网　　　址：www. E - mp. com. cn
电　　　话：（010）51915602
印　　　刷：北京银祥印刷厂
经　　　销：新华书店
开　　　本：720mm×1000mm/16
印　　　张：13. 5
字　　　数：182 千字
版　　　次：2014 年 5 月第 1 版　2014 年 5 月第 1 次印刷
书　　　号：ISBN 978 - 7 - 5096 - 2686 - 3
定　　　价：29. 80 元